Deutsche und Europäische Sicherheits- und Verteidigungspolitik

Stefan Quandt / Alexander Schröder (Hrsg.)

Deutsche und Europäische Sicherheits- und Verteidigungspolitik

Mit Beiträgen von Norbert Lammert, Frank-Walter Steinmeier, Roland Koch, Wolfgang Schäuble, Jürgen Trittin, Gregor Gysi und Franz Josef Jung

Sammelband zur Vortragsreihe des Studentischen Konvents an der Helmut-Schmidt-Universität/Universität der Bundeswehr Hamburg

Bibliografische Information der Deutschen Nationalbibliothek
Die Deutsche Nationalbibliothek verzeichnet diese Publikation
in der DeutschenNationalbibliografie; detaillierte bibliografische
Daten sind im Internet über http://dnb.d-nb.de abrufbar.

Titelbild: Idee und Umsetzung von
Christian Busch, Andrà-Christin Häcker, Alexander Schröder

Gedruckt auf alterungsbeständigem,
säurefreiem Papier.

ISBN 978-3-631-64298-6 (Print)
E-ISBN 978-3-653-03163-8 (E-Book)
DOI 10.3726/978-3-653-03163-8

© Peter Lang GmbH
Internationaler Verlag der Wissenschaften
Frankfurt am Main 2014
Alle Rechte vorbehalten.
Peter Lang Edition ist ein Imprint der Peter Lang GmbH.

Peter Lang – Frankfurt am Main · Bern · Bruxelles · New York ·
Oxford · Warszawa · Wien

Das Werk einschließlich aller seiner Teile ist urheberrechtlich
geschützt. Jede Verwertung außerhalb der engen Grenzen des
Urheberrechtsgesetzes ist ohne Zustimmung des Verlages
unzulässig und strafbar. Das gilt insbesondere für
Vervielfältigungen, Übersetzungen, Mikroverfilmungen und die
Einspeicherung und Verarbeitung in elektronischen Systemen.

www.peterlang.com

Inhaltsverzeichnis

Stefan Quandt und Alexander Schröder

Vorwort der Herausgeber...7

Stefan Quandt und Alexander Schröder

Über die Herausgeber..9

Bundesminister Dr. Thomas de Maizière

Grußwort des Bundesministers der Verteidigung..11

Univ.-Prof. Dr. Wilfried Seidel

Grußwort des Präsidenten der Helmut-Schmidt-Universität......................13

Prof. Dr. Norbert Lammert, MdB, Präsident des Deutschen Bundestages

„Freiheit. Sicherheit. Verantwortung."..15

Bundesminister a.D. Frank-Walter Steinmeier, MdB

„Geopolitische Neuordnung"...31

Ministerpräsident Roland Koch, MdL

„Sicherheit als gesamtgesellschaftliche Aufgabe"...45

Bundesminister Dr. Wolfgang Schäuble, MdB

„Sicherheit in der global vernetzten Welt"...63

Bundesminister a.D. Jürgen Trittin, MdB

„Globale Risiken – grüne Antworten"...77

Dr. Gregor Gysi, MdB

„Der internationale Einsatz der Bundeswehr."..93

Bundesminister Dr. Franz Josef Jung, MdB

„Perspektiven der Bundeswehr"..113

Vorwort der Herausgeber

Liebe Leserinnen und Leser,

Im Parlamentsbeteiligungsgesetz heißt es im § 2 Abs. 1 „der Einsatz bewaffneter deutscher Streitkräfte außerhalb des Geltungsbereichs des Grundgesetzes bedarf der Zustimmung des Bundestages". Die Konsequenzen dieser Norm erleben alle Mitglieder des Deutschen Bundestages in ihren Heimatwahlkreisen. Regelmäßig finden nämlich – auch parteiübergreifend – kontroverse Debatten zum Einsatz deutscher Soldatinnen und Soldaten außerhalb der Bundesrepublik statt. In der Vergangenheit wurden diese Debatten nicht immer ehrlich geführt. Dies führte unter anderem dazu, dass regelmäßig knapp zwei Drittel der Bürgerinnen und Bürger unseres Landes den Einsatz der Bundeswehr in Afghanistan ablehnen.

Eine umfassende, gesamtgesellschaftliche Debatte zur Außen- und Sicherheitspolitik der Bundesrepublik Deutschland sowie der Rolle der Streitkräfte findet bislang allenfalls als Elitendiskussion statt. Dadurch fehlt den Soldatinnen und Soldaten im Auslandseinsatz an Rückhalt in der Bevölkerung. Diesen Rückhalt zu generieren und Antworten auf die sicherheitspolitischen Herausforderungen zu finden, ist auch und ganz besonders die Aufgabe der Mitglieder des Deutschen Bundestages. Denn der Bundestag ist nicht Vollzugsorgan – er ist Auftraggeber. Die Auslandseinsätze haben die Bundeswehr massiv verändert und sie verändern unser Land insgesamt. Die Streitkräfte so aufzustellen, dass sie dem Wandel von einer Verteidigungsarmee mit Wehrpflichtigen zu Streitkräften im Einsatz gewachsen sind, bleibt eine zentrale Zukunftsaufgabe. Es ist auch der Beginn einer sicherheitspolitischen Debatte zur Rolle der Streitkräfte im 21. Jahrhundert. Wir müssen uns dieser Debatte stellen – mit Offenheit und Klarheit.

Solange sich Soldatinnen und Soldaten im Auslandseinsatz befinden – egal wo – verdienen sie die Hochachtung und die Wertschätzung der gesamten Gesellschaft. Denn sie sorgen dafür, dass wir hier in Deutschland in Sicherheit, Frieden, Freiheit und Demokratie leben können. Erst seit knapp zwei Jahrzehnten wird die Bundeswehr auch außerhalb Deutschlands eingesetzt. Den Wandel von einer reinen Verteidigungsarmee zu Streitkräften im Einsatz hat die deutsche Öffentlichkeit allerdings nicht bewusst miterlebt. Deshalb brauchen wir in Deutschland noch immer dringend eine Debatte zur Rolle der Bundeswehr im 21. Jahrhundert. Wir brauchen eine gesellschaftliche Debatte im Zusammenhang mit dem Einsatz unserer

Streitkräfte. Dies sind wir allen Soldatinnen und Soldaten schuldig! Im Jahr 2007 setzte sich der Studentische Konvent an der Helmut-Schmidt-Universität/Universität der Bundeswehr Hamburg ein anspruchsvolles Ziel. Unter der Leitung des Vorsitzenden Stefan Quandt wurde die Idee einer hochkarätig besetzen Vortragsreihe zur Deutschen und Europäischen Sicherheits- und Verteidigungspolitik in die Tat umgesetzt.

Zwischen 2007 und 2011 konnten der Bundestagspräsident, zahlreiche Bundesminister, die Fraktionsvorsitzenden der Oppositionsparteien sowie ein Ministerpräsident an der HSU begrüßt werden. Mit diesen Gastrednern gelang den Initiatoren eine deutschlandweit bisher einzigartige studentische Veranstaltungsreihe. Im Mai 2011 wurde die Hochschulgruppe Sicherheitspolitik an der HSU unter Vorsitz von Alexander Schröder gegründet. Ihre Aufgabe war es unter anderem, die Publikation der Vortragsreihe in Buchform zu unterstützen. Der vorliegende Vortragssammelband umfasst alle freigegebenen Gastvorträge der gleichnamigen Vortragsreihe. Er ist ein Beitrag, die sicherheitspolitische Debatte in Deutschland auch über die akademischen Zirkel hinauszutragen und die Entwicklung des Diskurses in den vergangenen Jahren nachzuzeichnen.

Dieser Sammelband besteht in seinem Wesenskern aus den Redebeiträgen der Gastreferenten. Die Redemanuskripte beziehungsweise die Videoaufzeichnungen dieser Vorträge, flossen als Beiträge in diesen Band ein. Das Wesen der Rede wurde dabei bewusst nicht geändert. Das heißt, die Texte sind so geschrieben, wie Sie vor dem Auditorium an der Helmut-Schmidt-Universität/Universität der Bundeswehr Hamburg gehalten wurden. Wenn der Lesefluss einmal stoppt, hoffen wir, dass Sie sich an diese Bemerkungen erinnern. Sie, liebe Leserinnen und Leser, haben in diesem Sammelband das gesprochene Wort vor sich. Bewusst haben wir uns entschieden, Sie nicht nur an der Thematik, sondern auch an der Vortragsatmosphäre teilhaben zu lassen. Damit Sie, liebe Leserinnen und Leser, besser in die Atmosphäre der Veranstaltung eintauchen können, haben wir die wesentlichen Teile aus der Begrüßung der jeweiligen Gäste der entsprechenden Rede kursiv vorangestellt. So erfahren Sie die Hintergründe für die Einladungen der jeweiligen Redner und welche sicherheitspolitischen Ergebnisse zum jeweiligen Zeitpunkt im Fokus des Diskurses lagen. Aus diesem Grund sind auch alle Beitragenden mit ihrer damaligen Funktion genannt.

Wir wünschen Ihnen eine erkenntnisreiche und spannende Lektüre, Ihr Stefan Quandt und Alexander Schröder.

Über die Herausgeber

Stefan Quandt wurde 1984 in Torgau geboren. Nach dem Abitur schlug er die Offizierslaufbahn bei der Bundeswehr ein und absolvierte von 2005 bis 2010 ein Studium der Volkswirtschaftslehre und der Politikwissenschaft an der Helmut-Schmidt-Universität/Universität der Bundeswehr Hamburg und schloss dies als Diplom-Volkswirt ab. Als langjähriger Vorsitzender des Studentischen Konvents und studentischer Vertreter in diversen akademischen Gremien gestaltete er maßgeblich die Hochschulpolitik an der HSU mit. In dieser Zeit konzipierte Stefan Quandt auch die neunteilige Vortragsreihe zur Deutschen und Europäischen Sicherheits- und Verteidigungspolitik, welche er gemeinsam mit dem Studentischen Konvent von 2007 bis 2010 durchführte. Nach Truppenverwendungen in Burg und Potsdam war Stefan Quandt im Jahr 2011 Mitglied einer Projektgruppe zur Reform der Streitkräfte im Bundesministerium der Verteidigung in Berlin und wirkte dort unter anderem an der Weiterentwicklung der Universitäten der Bundeswehr mit. Im Anschluss an diese Tätigkeit führte ihn sein Weg 2012 im Rahmen eines Auslandseinsatzes für mehrere Monate als Feldjägeroffizier in den Norden Afghanistans. Seit Februar 2013 ist er Berufssoldat.

Alexander Schröder wurde 1985 in Magdeburg geboren. Nach seinem Grundwehrdienst schlug er die Offizierslaufbahn bei der Bundeswehr ein und studierte von 2007 bis 2011 erfolgreich Politikwissenschaften an der Helmut-Schmidt-Universität/Universität der Bundeswehr Hamburg. Unter anderem als Pressesprecher des Studentischen Konvents und Chefredakteur der Studentenzeitschrift Univok unterstützte er Vorbereitung und Durchführung der Vortragsreihe zur Deutschen und Europäischen Sicherheits- und Verteidigungspolitik. Als Vorsitzender der Hochschulgruppe Sicherheitspolitik an der HSU, Mitglied im Bundesverband Sicherheitspolitik an Hochschulen (BSH), zeichnet er für die Publikation des Sammelbandes verantwortlich und gibt ihn gemeinsam mit dem Initiator der Vortragsreihe heraus. Von November 2011 bis November 2012 war Alexander Schröder Vorsitzender des Bundesverbandes Sicherheitspolitik an Hochschulen.

Grußwort des Bundesministers der Verteidigung

In unserem Land wird heute über viele Themen gerne und viel diskutiert. Die Sicherheits- und Verteidigungspolitik gehört leider nicht dazu.

Warum ist das so? Deutschland ist heute gleichberechtigter und gleichverpflichteter Partner der internationalen Gemeinschaft: Rund 6300 deutsche Soldatinnen und Soldaten leisten in 10 Einsätzen auf drei Kontinenten einen wesentlichen Beitrag zu einer wirksamen und verantwortungsvollen Außen- und Sicherheitspolitik. In der öffentlichen Debatte finden sich die Einsätze der Bundeswehr – bis auf wenige Ausnahmen – nicht wieder.

Den Diskurs über unsere Sicherheits- und Verteidigungspolitik anzuregen, das war mir bereits bei meinem Amtsantritt als Verteidigungsminister ein wichtiges Anliegen. In Kirchen, Universitäten und mit Schulklassen habe ich in den letzten beiden Jahren über die deutsche Sicherheits- und Verteidigungspolitik diskutiert – mitunter sehr kontrovers. Diesen Dialog – und gerade auch den Dialog mit kritischen Geistern – habe ich sehr gerne geführt und ich werde ihn auch weiterhin führen. Ich bin jedoch fest davon überzeugt, dass die Belebung der sicherheitspolitischen Debatte nicht alleine Sache des Verteidigungsministers sein sollte.

Der vorliegende Sammelband dokumentiert, welche Wirkung auch eine kleinere studentische Initiative entfalten kann: Mit großem Engagement haben die beiden Herausgeber an der Universität der Bundeswehr in Hamburg ein interessantes Forum mit hochkarätigen Gastrednern ins Leben gerufen. Der vorliegende Sammelband zeigt beispielhaft, wie vielschichtig und kontrovers das Thema „Sicherheits- und Verteidigungspolitik" auch an einer deutschen Universität diskutiert werden kann. Es wäre schön, wenn dieser Sammelband den einen oder anderen Leser ermutigen würde, selbst einen Beitrag dazu zu leisten, dass in unserem Land künftig breiter und intensiver über die Sicherheits- und Verteidigungspolitik diskutiert wird.

Dr. Thomas de Maizière, MdB
Bundesminister der Verteidigung

Grußwort des Präsidenten der Helmut-Schmidt-Universität

Liebe Leserinnen und Leser,

Ihnen liegt ein schöner Ausdruck universitären Denkens und Handelns vor: die Schriftform der Vortragsreihe des Studentischen Konvents an der HSU zur Deutschen und Europäischen Sicherheits- und Verteidigungspolitik.

Mit so wenigen Worten kann man die Vortragsreihe beschreiben. Doch das würde ihrer Bedeutung nicht gerecht. Innerhalb von rund vier Jahren gelang es dem damaligen Vorsitzenden des Studentischen Konvents, Stefan Quandt, und seinen Mitstreitern eine hochkarätig besetzte Veranstaltungsreihe an unserer Universität zu etablieren, die in der deutschen Hochschullandschaft nicht oft zu finden ist.

Das universitäre Studium dient neben der wissenschaftlichen Qualifikation der Herausbildung einer eigenständigen Persönlichkeit. Die Studentinnen und Studenten sollen in die Lage versetzt werden, sich selbst zu organisieren, eigenständig zu denken, zu planen, ihre Pläne zu verwirklichen und dabei auch Hürden zu überwinden, Herausforderungen zu meistern sowie letztlich im wissenschaftlichen Diskurs zu bestehen.

Dieses Ziel haben Stefan Quandt und sein Team vorbildlich erfüllt. Ein kurzer Blick auf die Liste der Gastredner der Vortragsreihe zur Deutschen und Europäischen Sicherheits- und Verteidigungspolitik genügt, damit klar wird: Hier sprachen nicht für die Streitkräfte bequeme Geister. Gerade Bundesminister a. D. Jürgen Trittin oder der Fraktionsvorsitzende der Linken im Deutschen Bundestag, Dr. Gregor Gysi, MdB, sind sicherlich für ihre für die Bundeswehr durchaus unbequeme Meinung bekannt.

Von dieser Würze lebte die Vortragsreihe und machte den Besuch der Gastvorträge jedes Mal zu einem Erlebnis. Dass dieser Sammelband nun im Jahr des vierzigsten Jubiläums der Helmut-Schmidt-Universität/Universität der Bundeswehr erscheint, ist für uns eine besondere Freude. Zeigt dieses Projekt doch auch, wie vielseitig und wirkungsmächtig studentisches Engagement sein kann. Dies zeichnet uns auch als Universität – als eine der beiden höchsten Bildungseinrichtungen der deutschen Streitkräfte – aus.

Ihr
Univ.- Prof. Dr. Wilfried Seidel

"Freiheit. Sicherheit. Verantwortung."

Eine intensive politische und gesellschaftliche Diskussion befasst sich in der Finanzkrise mit den Entwicklungen auf den internationalen Finanzmärkten. Das vom Bundestag im Eiltempo verabschiedete „Währungsunion-Finanzstabilisierungsgesetz" legt davon Zeugnis ab. Bundespräsident Prof. Dr. Norbert Lammert hatte im Vorfeld Bedenken geäußert, da im Gesetzentwurf jeglicher Bezug auf das zwischen Europäischer Union, Europäischer Zentralbank, Internationalem Währungsfonds und griechischer Regierung vereinbarte Sparprogramm fehle. Auch Deutschland hat zu lange über seine Verhältnisse gelebt hat. Dass die notwendigen Einsparungen auch den Wehretat betreffen werden, ist folgerichtig. Mit einer tief greifenden Strukturreform der Bundeswehr sollte dieses Ziel ursprünglich erreicht werden. Neben der Anpassung von militärischen Strukturen und einer Verkleinerung des Streitkräfteumfanges, fällt auch ein für die deutschen Streitkräfte und ihre Verankerung in der Bevölkerung herausragendes Strukturelement – die Wehrpflicht wird abgeschafft.

Noch stärker als bisher kommt es nun auf die politische Unterstützung einer umfangreichen, gesamtgesellschaftlichen Debatte zur Außen- und Sicherheitspolitik Deutschlands an. Mit dem Wegfall der Wehrpflicht und den Herausforderungen des Fachkräftemangels werden die Abgeordneten des Deutschen Bundestages, als die sicherheitspolitischen Auftraggeber der Soldatinnen und Soldaten, künftig mehr Mühe investieren müssen, damit aus dem ‚freundlichen Desinteresse' an der Bundeswehr nicht ein Vergessen wird.

Prof. Dr. Norbert Lammert, MdB, Präsident des Deutschen Bundestages

Rede anlässlich der Vortragsreihe
„Deutsche und Europäische Sicherheits- und Verteidigungspolitik"
am 27.05.2010 in der Universität der Bundeswehr Hamburg

Prof. Dr. Norbert Lammert, MdB
Präsident des Deutschen Bundestages.

"Freiheit. Sicherheit. Verantwortung.
Zur Rolle des Bundestages bei internationalen Militäreinsätzen und nationaler Verteidigung."

Ich bedanke mich sehr für die liebenswürdige Begrüßung und die freundliche Einladung in diese bemerkenswerte Vortragsreihe. Diese Einladung gibt mir Gelegenheit, mit Ihnen gemeinsam über ein Thema nachzudenken, das zweifellos nicht mehr besonders originell ist und das heute auch nicht zum Ersten und vermutlich auch nicht zum letzten Mal behandelt wird, das aber immer wieder – unter jeweils veränderten Fragestellungen – neue Antworten sucht. Wobei die Frage, ob die neuen Antworten dann überzeugendere Reaktionen auf die jeweils konkrete Lage sind, dann ebenfalls wieder zur öffentlichen Auseinandersetzung gehört.

Im Kern geht es um die Rolle einer Armee in einem demokratischen Verfassungsstaat. Diese Fragestellung ist uns inzwischen gut vertraut und mit der Geschichte der Bundesrepublik Deutschland eng verbunden. Historisch ist das nach wie vor ein vergleichsweise kurzer Zeitraum, in dem sich über diese Frage nicht nur theoretisch, sondern ganz praktisch nachdenken lässt, nämlich: Wie steht es um die Beziehung von Armee und einer demokratisch verfassten Staatsordnung? Und zwar unter besonderer Berücksichtigung der Rolle des Parlaments, das – jedenfalls in unserer politischen Ordnung – eine auffällig stärkere Rolle hat, nicht nur was seine Zuständigkeiten in Personal- und Sachentscheidungen im Allgemeinen angeht, sondern insbesondere, was seine Aufgabenstellungen und Kompetenzen und Verantwortlichkeiten mit Blick auf Militäreinsätze betrifft.

Ich möchte gleich zu Beginn auf einen Punkt aufmerksam machen, der mir für die Behandlung nahezu jedes beliebigen konkreten Zusammenhangs wesentlich erscheint und natürlich auch und gerade für die Behandlung dieser Grundsatzfrage: „Wie hat man sich denn eigentlich das Verhältnis einer Armee zu einem Parlament in einem Verfassungsstaat vorzustellen?" Der allgemeine Hinweis betrifft die Einsicht, dass relevante politische Entscheidungen fast

„Freiheit. Sicherheit. Verantwortung." 17

nie voraussetzungslos getroffen werden können. Sie finden nie an einem „grünen Tisch" statt, wo man sich mit scheinbar klinischen Entscheidungsalternativen sauber voneinander getrennt mit der Anstrengung sozusagen reiner Vernunft auf ein am Ende möglicherweise gar beweisfähiges Ergebnis zubewegen könnte. Vielmehr kommen relevante politische Entscheidungen immer unter Bedingungen zustande, die in kürzer oder länger zurückliegenden Zeiten für heutige Entscheidungen bereits gesetzt worden sind. Militärisch gesprochen: immer in „vermintem Gelände". Jedenfalls nie auf einer grünen Wiese, wo man gewissermaßen, jetzt wiederum übertragen formuliert, beliebige Truppen an beliebigen Stellen aufmarschieren lassen könnte. Vielmehr findet man immer ein historisch besetztes Gelände vor, und aus dem bestimmt sich der Aktionsradius – unter Berücksichtigung vorgefundener Präjudizierungen. Dass sich die relevanten politischen Entscheidungsoptionen, die es in Deutschland nach dem Zweiten Weltkrieg, übrigens auch eine Sprachfigur, die wir benutzen, ohne uns dabei in der Regel klar zu machen, dass der Zweite Weltkrieg nicht irgendein historisches Ereignis, sondern ein militärisch geprägtes Ereignis war, gegeben hat, aus den Präjudizien heraus bestimmt haben, wird man selbst bei grob fahrlässiger Großzügigkeit nicht wirklich übersehen können. Allein der Umstand, dass es nach dem Zweiten Weltkrieg nicht einen deutschen Staat gab, sondern gleich zwei; und auch, dass diese beiden zwei, jeweils hochgerüsteten Militärsystemen angehörten, zählt zu den präjudizierten Lagen, die es in Deutschland nach 1945 gab und die die Entscheidungsoptionen deutscher Politik über Jahrzehnte geprägt haben.

Übrigens heute auf den Tag genau vor 58 Jahren, am 27. Mai 1952, wurde in Paris der Vertrag über die Europäische Verteidigungsgemeinschaft von den Außenministern Frankreichs, Italiens, der Beneluxstaaten und der Bundesrepublik unterzeichnet. Bei uns vom Bundeskanzler, weil ein damals noch nicht souveräner deutscher Teilstaat sich einen eigenen Außenminister nicht einmal erlauben konnte, soviel zur vermeintlichen Offenheit von Entscheidungsalternativen. Und dass es überhaupt zu dieser fraglichen Konstruktion gekommen ist, hat auch erkennbar unmittelbar mit der Lage zu tun, die wir nach dem Zweiten Weltkrieg in Gestalt von zwei sich zunehmend formierenden, organisierenden, institutionalisierenden Bündnissystemen vorgefunden haben. Der Hinweis auf diesen Vertrag einer Europäischen Verteidigungsgemeinschaft vor 58 Jahren ist auch noch aus einem anderen Grunde hoch bedeutend. Denn diese Verteidigungsgemeinschaft ist nie zustande gekommen. Und sie ist deswegen nicht zustande gekommen, weil dieser zwischen den sechs Regierungen, übrigens den gleichen, die wenige Jahre später mit den Römischen Verträgen die Grundlage für die Europäische Wirtschaftsgemeinschaft gelegt haben, geschlossene Vertrag im Französischen Parlament, der Assemblée Nationale, nicht ratifiziert worden ist.

Damit war er gescheitert, bevor er ins Leben trat. Was im Übrigen die Bedeutung von Parlamenten in Verfassungsstaaten mit Blick auf Einsatzmöglichkeiten und -bedingungen von bewaffneten Streitkräften wiederum an einem markanten historischen Beispiel illustriert. Auch wenn wir – ein wenig leise, aber wahrheitsgemäß – wenigstens in Klammern hinzufügen möchten, dass – jedenfalls über Jahrzehnte hinweg – dies vielleicht der prominenteste Beitrag des Französischen Parlaments für die Einsätze französischer Militärs geblieben ist.

Bedeutend ist dieses Vertragswerk aber insbesondere deswegen, weil es, jedenfalls nach meiner persönlichen Einschätzung, den weitreichendsten Souveränitätsverzicht vorsah, den es bis dahin jemals zwischen souveränen Nationalstaaten gegeben hat. Und der prompt deswegen nicht zustande kam. Für uns Deutsche war das eine vergleichsweise einfache Übung, denn da wir keine Souveränität hatten, fiel der Verzicht nicht wirklich schwer. Anders formuliert, für die Deutschen war der Weg nach Europa und die Integration in europäische Strukturen der Königsweg zur Wiederherstellung internationalen Ansehens und auch zur Wiederherstellung staatlicher Souveränität. Für die Franzosen war das eine völlig andere Geschichte. Und die Briten haben das ohnehin aus der Perspektive eines interessierten Beobachters verfolgt, der damals keinen Augenblick auch nur ernsthaft darüber nachgedacht hat, ob er an solchen europäischen Konstruktionen vielleicht selber beteiligt werden könnte oder müsste.

Einen vergleichbaren Souveränitätsverzicht mit nachhaltigen massiven Folgen hat es eigentlich erst durch die Einführung des Euro und den damit verbundenen Verzicht auf nationale Währungen innerhalb einer inzwischen entwickelten, etablierten, inhaltlich und geografisch expandierenden Europäischen Gemeinschaft gegeben. Was im Übrigen wiederum zeigt, dass politische Entscheidungen – exekutive wie legislative – nicht voraussetzungslos stattfinden, sondern immer auch auf Voraussetzungen treffen, die vorher, aus welchen Gründen auch immer, wie bewusst auch immer, geschaffen worden sind. Dass sich der Deutsche Bundestag zweimal in kurzen Abständen hintereinander mit bemerkenswerten Rettungsaktionen zur Stabilisierung einer bestimmten Volkswirtschaft und schließlich der gesamten Eurowährungszone befassen musste, war weder im Koalitionsvertrag so vorgesehen, noch in einer langfris-

„Freiheit. Sicherheit. Verantwortung." 19

tigen oder mittelfristigen Haushalts- oder Finanzplanung, sondern es war ein Ereignis, das uns erreicht hat. Das uns aber gar nicht hätte erreichen können, wenn es die Präjudizierung der Lage in Gestalt der Aufgabe nationaler Währung zugunsten einer europäischen nicht gegeben hätte. Dass in solchen Situationen Regierungen handeln müssen, entspricht unserer Verfassungslage.

Aber zu unserer Verfassungslage gehört, dass der Spielraum, den die Regierung für Verhandlungen hat und schon gar die Umsetzung dessen, was sie verhandelt, regelmäßig der legislativen Bestätigung bedarf. Übrigens: So selbstverständlich ist das gar nicht! Ich hatte gerade in der vergangenen Woche Gelegenheit zu einem kurzen Besuch in der Slowakei, wo ich natürlich auf die deutsche Diskussion zum Thema Euro angesprochen wurde. Und bei der Gelegenheit erfuhr ich eher zufällig, dass das Slowakische Parlament, das ja auch ein frei gewähltes, demokratisches Parlament ist, mit dieser Frage nicht einmal befasst ist. In Deutschland wäre es völlig ausgeschlossen, rechtlich und faktisch, dass die Regierungen Verpflichtungen in diesen Größenordnungen eingehen könnte, wir reden immerhin in der Größenordnung etwa der Hälfte des jährlichen Budgets des Bundes! Ohne dass das Parlament einer solchen Verpflichtung ausdrücklich zustimmte. Und was die Zeitpläne angeht: Sie waren erstaunlich kurz, aber verfassungsgemäß.

Im Unterschied zu einer denkwürdigen Entscheidung, die wir vor eineinhalb Jahren bei einem drohenden Kollaps der internationalen Finanzmärkte gemeinsam unternommen haben, als wir durch gemeinsamen Fristverzicht aller im Deutschen Bundestag vertreten Gruppierungen und auch der einzelnen Abgeordneten, innerhalb von fünf Tagen von Montag bis Freitag, dass berühmte 480 Milliarden Rettungsschirmpaket beraten und beschlossen haben, ist das aktuelle Paket zur Stabilisierung des Euro in den nach der Geschäftsordnung des Bundestages vorgesehenen Fristen so schnell wie möglich, aber ohne jede Sonderregelung beschlossen worden. Was im Übrigen, das füge ich nur der Vollständigkeit halber hinzu, über die Richtigkeit der getroffenen Entscheidung naturgemäß nichts aussagt, sondern zunächst nur etwas über die Formgerechtigkeit.

Ich hatte bereits darauf hingewiesen, dass wir heute auf den Tag genau vor 58 Jahren in Gestalt der EVG ein bedeutendes Datum für die politisch-militärischen Kooperationsmuster und -strukturen und Rahmenbedingungen in Europa erlebt haben. Und an einem anderen 27. Mai, nämlich vor 51 Jahren, hatten wir wiederum ein bemerkenswertes Ereignis, da lief nämlich das Berlin-Ultimatum ab. Dass dieses Ultimatum, das ja die Aufforderung der Sowjetunion an die Westmächte zum Inhalt hatte, eine Umwandlung Westberlins in eine selbstständige politische Einheit, zu einer sogenannten „Freien Stadt Berlin", innerhalb einer definierten Frist zu realisieren „folgenlos" ablief, hat ganz offenkundig wiederum kausal mit der Veränderung der Lage zu tun, die in der Zwischenzeit durch die Gründung der NATO und durch einen eigenen Verteidigungsbeitrag Deutschlands in Gestalt der Bundeswehr geschaffen war. Die Frage ist natürlich hochgradig spekulativ und deswegen von niemandem verlässlich zu beantworten: Nämlich wie ein ähnliches Ultimatum wohl acht Jahre früher politisch und damit historisch ausgegangen wäre.

Auch wenn sich nur noch ein ganz kleiner Teil der deutschen Bevölkerung an die Debatten erinnern kann, die damals in Deutschland und nirgendwo länger, intensiver und leidenschaftlicher als im Deutschen Bundestag zur Frage der deutschen Wiederbewaffnung und einer damit verbundenen Einführung der Wehrpflicht geführt wurden, so sehr wird jedem einleuchten, dass diese Debatte nicht voraussetzungslos stattgefunden hat. Vielmehr war diese Debatte in hohem Maße durch die Verhältnisse präjudiziert, die nach dem Zweiten Weltkrieg entstanden waren. Dieser wiederum war nicht wie ein Naturereignis über Deutschland gekommen, sondern er wurde von Deutschen verursacht.

Das Verhältnis von Militär als ein Teil staatlicher Ordnung und anderen staatlichen Institutionen – Regierungen, Parlamenten, gegebenenfalls – soweit vorhanden – auch Verfassungsgerichten – findet immer in historischen Kontexten statt. Dafür gibt es kaum ein schlagenderes Beispiel als die jüngere deutsche Geschichte. Nun hat sich seit diesen Zeiten, Mitte der 50ger Jahre vieles, manches auch grundlegend verändert. Dazu gehört im Übrigen auch, dass die Debatte des Bundestages zur Einführung der Wehrpflicht nicht nur knapp acht Stunden gedauert hat, was wir uns heute nur noch schwer vorstellen können. Heute erscheint es völlig unvorstellbar, dass diese acht Stunden Parlamentsdebatte im Deutschen Fernsehen live übertragen worden sind, unter Vertagung von Nachrichtensendungen. So etwas ist heute bekanntlich nur noch bei Thomas Gottschalk möglich, aber selbstverständlich nicht bei relevanten politischen Ereignissen und ein nicht gänzlich banales Indiz für die gründliche Veränderung der Zeiten, in denen wir leben.

„Freiheit. Sicherheit. Verantwortung." 21

Was das Verhältnis von Politik und Militär angeht, so treffen wir in der Welt von heute höchst unterschiedliche Konstruktionen an. Selbst wenn man unter der großen Zahl von Staaten, in den Vereinten Nationen sind ja inzwischen rund 200 mehr oder weniger selbstständige Staaten organisiert, nur diejenigen etwas genauer betrachtet, die den demokratischen Ansprüchen genügen, findet man unter den real existierenden Demokratien dieser Welt erstaunlich unterschiedliche Verhältnisse. Und man findet, wenn ich das richtig sehe, weltweit kein zweites Beispiel, in dem die Verankerung einer Armee im demokratischen Staat in einer solchen Weise parlamentarisch formalisiert und legitimiert wird, und damit dem Zugriff oder der Disposition der Exekutive entzogen wird wie in Deutschland. Dass das so ist, ist wiederum kein Zufall, sondern hängt mit den Entstehungsbedingungen unserer Verfassung und ihrer Vorgeschichte zusammen. Nun gibt es natürlich – schon gar, wenn wir die Entwicklung der letzten zehn, zwanzig Jahre, auch unserer Nachbarstaaten betrachten – einige Beispiele, dass manche Länder mehr oder weniger auffällig dem deutschen Modell gefolgt sind, aber mir fällt kein zweites Land ein, dass mit Blick auf die tatsächlichen und verfassungsrechtlichen Einflussmöglichkeiten des Parlaments in Bezug auf Militäreinsätze die deutsche Regelung überbieten würde. Wenn von Ihnen jemand ein Land kennt, in dem der Einfluss des Parlaments auf Militäreinsätze höher ist als in Deutschland, wäre ich für diesen Hinweis jedenfalls dankbar.

Vor einiger Zeit hat die Hessische Stiftung Friedens- und Konfliktforschung 49 Demokratien weltweit auf genau diese Frage untersucht, „Wie sieht es aus mit den Möglichkeiten parlamentarischer Einflussnahme auf Militäreinsätze? Wie wird das Verhältnis von Militäreinsätzen zur Zuständigkeit von Verfassungsorganen organisiert?" Das Ergebnis dieser Studie: In mehr als der Hälfte der Demokratien weltweit gibt es überhaupt keine Parlamentsvorbehalte, sondern dort sind Militäreinsätze nach wie vor – einer historischen Rollenverteilung folgend – Aufgabe der Exekutive. Eine parlamentarische Mitwirkung findet, wenn überhaupt, nur auf dem Umweg von Einflussnahme auf Budget, Haushaltsrecht und anderen Stellschrauben statt. Aber – um es nochmals zu betonen – eine formale, rechtlich zwingende, belastbare, einklagbare parlamentarische Beteiligung an Militäreinsätzen ist in mehr als der Hälfte der existierenden Demokratien der Welt nicht vorhanden. Gerade einmal in 12 dieser 49 untersuchten Staaten gibt es überhaupt einen Parlamentsvorbehalt, darunter nur in wenigen NATO-Staaten. Das sind – außer Deutschland – Dänemark, Litauen, die Türkei, neuerdings in einer modifizierten Form auch Spanien und Frankreich. In der EU haben außerdem noch Österreich, Irland, Schweden und Finnland einen solchen Parlamentsvorbehalt, aber die sind alle keine NATO-Mitgliedsstaaten. Und es gibt die beiden neutralen Länder Japan und Schweiz.

Damit ist die Liste der Staaten, in denen es überhaupt so etwas wie einen Parlamentsvorbehalt gegenüber Militäreinsätzen gibt, auch schon komplett. Wobei es dann noch das unter vielerlei Gesichtspunkten besonders spannende Beispiel der USA gibt. Dort gibt es seit den 70er-Jahren die sogenannte „War Powers Resolution", eine rechtswirksame Entscheidung des amerikanischen Kongresses. Sie regelt die Zustimmungserfordernisse für amerikanische Militäreinsätze, und zwar in der Weise, dass der Präsident ohne vorherige Zustimmung des Kongresses Truppen entsenden darf, allerdings innerhalb von spätestens 60 Tagen die Zustimmung des Kongresses dafür einholen muss. Das könnte man auf den ersten Blick für marginal halten, denn am Ende braucht eben auch der amerikanische Präsident die Zustimmung des Kongresses. Aber nicht nur die anwesenden Militärs werden sofort erkennen, dass diese Unterscheidung alles andere als marginal, sondern prinzipiell ist. Bei einer Verfassungsordnung, bei der ein Militäreinsatz schon 50 Tage stattgefunden haben kann, mit dem damit verbundenen finanziellen, logistischen, politischen Aufwand, bei dem die ersten Toten in der Zwischenzeit schon in die Heimat zurückgebracht werden mussten, bevor sich das Parlament zum ersten Mal mit der Frage beschäftigen kann, wird dasselbe Thema nicht unter gleichen Bedingungen, sondern unter prinzipiell anderen Bedingungen diskutiert als in einer Verfassungsordnung, bei der der erste Soldat seinen Fuß erst dann außer Landes setzen darf, wenn das Parlament diesem Einsatz zugestimmt hat. Nochmals: Auch daraus folgt noch nicht, dass die deutsche Regelung besser ist als die anderer Länder. Aber dass sie anders ist und dass dieser Unterschied nicht marginal, sondern eher prinzipiell ist, will ich hier doch herausstellen.

Wir haben in Deutschland tatsächlich eine – ich sage es nochmals – nicht auf der grünen Wiese voraussetzungslos, sondern historisch präjudiziert entstandene Lage, die die Einflussmöglichkeiten des Parlaments nicht nur klassischerweise wie in anderen funktionierenden Demokratien darauf bezieht, dass das Parlament das Budgetrecht hat und über das Budgetrecht, über die Haushalte aller Ministerien und damit auch über den Haushalt des Verteidigungsministeriums bestimmt. Was in unserem Fall nicht nur bedeutet, dass über das Budgetrecht des Parlaments entschieden wird, wie viel Geld der Verteidigungsminister überhaupt zur Verfügung hat, sondern dass damit indirekt auch die Grundstrukturen der Organisation der Bundeswehr Gegenstand parlamentarischer Entscheidungen sind.

„Freiheit. Sicherheit. Verantwortung." 23

Das geht vernünftigerweise nicht so weit, dass der Bundestag oder der Verteidigungsausschuss nun anstelle des Verteidigungsministers die Dislozierung von Kapazitäten selber in die Hand nehmen könnte oder wollte. Aber dass beispielsweise Vorstellungen über Mannschaftsstärken und damit verbundene Standorte, deren Größenordnung und Überlebensperspektiven in einer ganz handfesten Weise parlamentarisch bestimmt werden, ergibt sich durchaus aus diesem gerade erläuterten Konstruktionszusammenhang. Wobei ich übrigens als langgedienter Parlamentarier die – gelegentlich amüsante – Erfahrung zu Protokoll gebe, dass auch und gerade an solchen Standorten, die in der Vergangenheit im Zusammenhang mit bestimmten politisch-militärischen Entscheidungen sich durch eine besondere Demonstrationsfreudigkeit ausgezeichnet haben, der Einsatz umso erstaunlicher war, wenn der konkrete Standort geschlossen werden sollte, um damit das vermeintliche Verhängnis, das mit der Existenz solcher Militäreinrichtungen ganz prinzipiell verbunden ist, jedenfalls an diesem Standort, ein für alle Mal zu eliminieren. Was im Übrigen auch an diesem – wiederum anders gelagerten – Thema zeigt, dass man mit den Wahrheitsansprüchen in der Politik besonders vorsichtig umgehen sollte. Der eigentliche Stoff politischer Entscheidungen sind nicht Wahrheitssuche und Wahrheitsfindung, sondern Interessenausgleich. Und das gilt natürlich auch für solche Fragen, die mit der Existenz einer Armee zusammenhängen, wie z. B. Anzahl, Größe und Ausstattung von Standorten. Da geht es dann weniger um Wahrheitsansprüche, sondern eher um Interessen und den Ausgleich unterschiedlicher Ambitionen, die der eine an dieser und der andere an jener Stelle haben mag.

Ich will ergänzend darauf aufmerksam machen, dass der Bundestag zwar ein relativ großes verfassungsrechtliches Gestaltungsrecht in der Regelung seiner eigenen Angelegenheiten hat, aber er ist nach unserer kunstvollen und, wie ich persönlich glaube, außerordentlich gelungenen Verfassungsordnung, genauso wenig wie andere Verfassungsorgane autonom, sondern unterliegt verfassungsrechtlichen Limitierungen, über die er sich nicht hinwegsetzen kann. Dazu gehört der ganz banale Punkt, dass der Deutsche Bundestag einen Verteidigungsausschuss einzurichten hat. Er befindet sich, dies mag der eine oder andere von Ihnen jetzt für eine Banalisierung halten, verfassungsrechtlich auf Augenhöhe mit dem Petitionsausschuss, den müssen wir auch einrichten, weil die Verfassung das Grundrecht, dass der Bürger sich unmittelbar an seine Volksvertretung wenden kann, für ähnlich bedeutsam gehalten hat, sodass er das der Zuständigkeit des einfachen Gesetzgebers entziehen wollte. Die besondere Rolle des Verteidigungsausschusses kommt auch darin zum Ausdruck, dass es der einzige

Ausschuss des Bundestages ist, der sich selber als Untersuchungsausschuss konstituieren kann. Wobei ich auch an dieser Stelle wenigstens den kleinen Hinweis geben möchte, dass man zu der Frage, ob das eine gute oder eine fragwürdige Idee ist, durchaus mit beachtlichen Gründen unterschiedlicher Meinung sein kann.

Das zentrale Argument, das dieser Konstruktion zugrunde liegt, ist die Einsicht, dass bei militärischen Angelegenheiten und deren Untersuchung nicht nur ein hohes Maß an Sachkenntnis und Vertrautheit mit Abläufen und Gegenständen hochgradig erwünscht ist, sondern darüber hinaus ein hohes Maß an Vertraulichkeit gesichert sein sollte. Also überträgt man dies vielleicht nicht so gerne einem eigens dafür zusammengesetzten Gremium, sondern lieber einem Gremium, das im Umgang mit solchen Fragen schon eine besondere und auch gemeinsame Erfahrung hat. Dennoch gibt es auch Kollegen, die sagen, dass die ganz unterschiedliche Art der Fragestellung und der Arbeitsmethodik eines Untersuchungsausschusses, die sich gewissermaßen „auf den Verteidigungsausschuss" legt, möglicherweise das Beratungsklima nachhaltig verändert. Deswegen könnte man also auch der umgekehrten Überlegung einiges abgewinnen, nämlich dass man zu einem Untersuchungszweck nicht das gleiche Gremium bildet, sondern ein eigenes Gremium, das dann allerdings durchaus – mindestens teilweise – personalidentisch sein könnte, aber jedenfalls nicht müsste.

Wenn wir über Kontinuitäten und Diskontinuitäten der Politik reden und die sich daraus ergebenden Implikationen für das Verhältnis von Politik und Militär, dann finden wir wiederum in der Nachkriegszeit besonders handfestes Anschauungsmaterial. Zu den erstaunlichen Erfahrungen der Nachkriegszeit gehört Folgendes: Die Bundeswehr wurde in der Zeit, als unser Land und Europa geteilt waren und sich zwei Bündnissysteme – buchstäblich bis an die Zähne bewaffnet – an einer innerdeutschen Grenze gegenüberstanden, für die Aufgabe, für die sie gegründet war, nämlich für die Landesverteidigung, gar nicht gebraucht nicht gebraucht. Ich erinnere mich besonders gut an den Festakt zum 50. Geburtstag der Bundeswehr, der im Paul-Löbe-Haus des Bundestages stattfand. Damals habe ich mich in meiner Ansprache auf eine gerade erschienene Ausgabe einer Hamburger Wochenzeitung mit besonders gutem Ruf bezogen. Diese Zeitung, der auch der Namensgeber dieser Universität in besonderer Weise verbunden ist, titelte zum 50. Geburtstag mit der erstaunlichen Überschrift: „Nicht kämpfen kann diese Armee gut". Das war natürlich – wieder militärisch formuliert – „scharf daneben", sollte aber in einer saloppen journalistischen Weise zum Ausdruck bringen, dass es – jedenfalls im

„Freiheit. Sicherheit. Verantwortung." 25

mit Abstand größeren Teil der Zeit, der mit diesen 50 Jahren beschrieben war – nie zu Kampfeinsätzen der Bundeswehr gekommen ist, und dass der nicht nur wesentliche, sondern nach dem Verfassungstext einzige Zweck, den die Bundeswehr hatte, nämlich das eigene Land zu verteidigen, in diesem Zeitraum nie konkret geworden war.

Was, wie ich nicht weiter erläutern muss, natürlich eine reichlich statische Betrachtung dynamischer politischer Prozesse ist. Denn dass wir in den Jahren 1989/90 in Deutschland und Europa eine wundersame und wunderbare friedliche Revolution erlebt haben, das hängt natürlich auch mit der Existenz der Bundeswehr zusammen. Auch wenn sie, Gott sei Dank, nicht für die Landesverteidigung kämpfen musste – hat sie doch, allein durch den glaubwürdigen Nachweis, dass sie dazu, wenn es denn sein müsse, zweifellos jederzeit in der Lage gewesen wäre, ganz wesentlich dazu beigetragen, dass es zu diesem Kampfeinsatz gar nicht kommen musste. So kompliziert sind die Zusammenhänge gelegentlich! Dass es im Übrigen im Zuge der Deutschen Einheit gelungen ist, eine komplette, hochgerüstete deutsche Armee beinahe geräuschlos aufzulösen und in Restbeständen in eine andere vorhandene Armee zu integrieren – bei Drittelung des addierten, gemeinsamen Personalbestandes und unter Anwesenheit von damals zigtausenden Soldaten einer im eigenen Land stationierten Besatzungsarmee – das gehört zu den Wundern der jüngeren Geschichte, die wir alle miteinander längst für eine schiere Selbstverständlichkeit halten. Als sei das immer genau so vorgesehen gewesen.

Inzwischen sind wir in folgender Lage: Zwar sind nach wie vor 90 Prozent einer drastisch kleineren deutschen Armee an deutschen Standorten stationiert, aber 90 Prozent der öffentlichen Aufmerksamkeit richten sich auf die Standorte außerhalb Deutschlands, an denen diese Armee im Einsatz ist, teilweise im Kampfeinsatz. Zu den zwar nicht verdrängten, aber sicher immer noch nicht restlos wirklich aufgearbeiteten gründlichen Veränderungen gehört der Umstand, dass, zugespitzt formuliert, diese Armee nach der Verfassungslage einen Auftrag wahrzunehmen hat, der sich scheinbar erledigt hat, während sie tatsächlich Aufträge wahrnimmt, die die Verfassung gar nicht vorsieht und die sich erst aus unserer politischen Wahrnehmung von Bündnisverpflichtungen, Weltlagen und internationaler Verantwortung ergeben. Man muss sich nicht wirklich wundern, dass es dazu in einer freien demokratischen Gesellschaft sehr unterschiedliche Auffassungen gibt: Ob das überhaupt sein muss, ob es in dem Ausmaß sein muss und ob es in der Weise, in der wir es tun, wirklich erfolgversprechend ist. Dabei verniedlicht der richtige Hinweis auf die insgesamt zehn Auslandseinsätze der Bundeswehr – allesamt nach Überwindung der Teilung – und auf etwa 7.000 im Ausland eingesetzte Soldaten die tatsächliche Größenordnung. Wenn man den Stand Ende 2009 nimmt, dann sind wir inzwischen bei über 270.000 Soldatinnen und Soldaten, die irgendwann im Laufe dieser Zeit im Ausland Dienst geleistet haben. Diese Zahl ist größer als die Sollstärke der Bundeswehr! Auch das verdeutlicht Proportionen, die in der Realität ein bisschen anders sind, als ein schlichter Blick auf die Statistik.

Ich habe gerade darauf hingewiesen, dass es durchaus Meinungsverschiedenheiten darüber gibt, ob diese Auslandseinsätze eigentlich durch den Verfassungstext gedeckt sind. Folgerichtig hat diese Frage unser Bundesverfassungsgericht beschäftigt. Die Schlüsselentscheidung des Bundesverfassungsgerichts ist das berühmte „Out-of-area-Urteil" vom 12. Juli 1994. Das ist im Übrigen auch der Text, in dem sich zum ersten Mal – jedenfalls in einem relevanten Rechtsdokument – der Begriff „Parlamentsarmee" findet.

Dieser Begriff „Parlamentsarmee" wird sicher auch vorher schon irgendwann verwendet worden sein. Es würde mich nicht völlig verblüffen, wenn selbst in der Debatte über die Wiedereinführung des Wehrdienstes in den 50er Jahren das mal in Parlamentsdebatten oder publizistischen Beiträgen vorgekommen sein sollte. Aber als Terminus ist die besondere Verbindung des Parlaments zur Armee und umgekehrt, die besondere Abhängigkeit der Armee von parlamentarischen Entscheidungen erst seit diesem Urteil aus Karlsruhe einschlägig. Das Bundesverfassungsgericht hat damals aus der deutschen Verfassungstradition seit 1918 und einem der Wehrverfassung zugrunde liegendem Prinzip die Notwendigkeit eines „konstitutiven Parlamentsbeschlusses beim Auslandseinsatz der Bundeswehr" hergeleitet. Der Kernsatz des damaligen Verfassungsgerichtsurteils lautet: „Für den militärischen Einsatz von Streitkräften ist dem Grundgesetz das Prinzip eines konstitutiven Parlamentsvorbehalts zu entnehmen."

Ob dem Grundgesetz dieser Grundsatz zu entnehmen ist, oder ob das Bundesverfassungsgericht diesen Grundsatz ins Grundgesetz hineingelesen hat, darüber gibt es wiederum einen famosen Streit der Verfassungsjuristen. Ein sozialdemokratischer Kollege im Bundestag hat das in einem Kommentar so bezeichnet: „Die Erfindung des konstitutiven Parlamentsvorbehalts ist ein verfassungspolitischer Geniestreich." Wie auch immer: Dies ist die gültige, im Übrigen auch unangefochtene Rechtslage, die zu der in Deutschland verfassungsrechtlich und verfassungspolitisch abgesicherten Situation führt, die ich gerade geschildert habe. Dass nämlich, wie in keinem anderen Land der Welt, bei uns das Parlament darüber entscheidet, ob überhaupt und wenn ja, wie viele Soldaten an welchem Platz der Welt ihren Auftrag wahrzunehmen haben. Keine dieser vier Fragen, ob überhaupt, wo, wie viele, welchen Auftrag wahrzunehmen haben, kann bei uns abschließend von der Regierung beantwortet werden.

Umgekehrt, was ich ausdrücklich klug finde, kann das Parlament keinen Militäreinsatz veranlassen. So sehr die Regierung davon abhängig ist, dass ein Vorschlag für einen Militäreinsatz die konstitutive Zustimmung des Bundestages findet, so wenig kann der Bundestag anstelle der Regierung einen Militäreinsatz herbeiführen, nicht einmal mit einem einstimmigen Beschluss. Ich glaube, dass das eine kluge Balance von Einflüssen und Verantwortlichkeiten ist, den ich auch im Lichte der Erfahrungen der letzten zehn, zwanzig Jahre für außerordentlich begründet und bewährt halte. Seit der von mir zitierten Entscheidung des Bundesverfassungsgerichts aus dem Jahre 1994 hat es keinen einzigen Einsatz gegeben, der nicht nach diesem Verfahren entschieden worden wäre, mit der kleinen Ausnahme einer kurzfristigen militärischen Hilfsoperation in Albanien 1997. Damals wurden in einem wenige Stunden dauernden Hubschraubereinsatz 100 Personen aus einer Bürgerkriegslage befreit. Selbst bei einer ausgeprägten parlamentarischen Leidenschaft, über die ich durchaus verfüge, würde man bei einer derart nicht vorhersehbaren Lage kaum eine Sondersitzung des Bundestages als Voraussetzung für einen Einsatz reklamieren wollen, zumal der sich nach der Sondersitzung vermutlich längst erledigt hätte.

Das ist auch der Grund dafür, warum es im Parlament in den letzten Jahren zunehmend selbstkritische Debatten darüber gegeben hat, ob wir es mit der Einflussnahme nicht gelegentlich übertreiben. Denn wir stecken – gerade wegen der Gleichzeitigkeit der Militäreinsätze und ihrer regelmäßigen Befristung – in einem Legitimierungsmechanismus, der selbst bei marginalen oder gar keinen Veränderungen dennoch die gesamte legislative Entscheidungsmechanik in Gang setzt. Das war dann Gegenstand des Parlamentsbeteiligungsgesetzes, in dem nicht nur die üblichen Verfahren etabliert und festgelegt sind, sondern auch die Regelungen enthalten sind, unter welchen marginalen Veränderungen es einer vorherigen Zustimmung des Bundestags zur Verlängerung von Einsätzen nicht bedarf. Für den Ersteinsatz ist allerdings immer und unter jedem Gesichtspunkt die Zustimmung des Bundestages erforderlich.

28   Prof. Dr. Norbert Lammert, MdB, Präsident des Deutschen Bundestages

Lassen Sie mich zum Schluss auf das Beispiel einer parlamentarischen Entscheidung aufmerksam machen, die ich besonders aufschlussreich finde, weil sich, jedenfalls nach meinem persönlichen Dafürhalten, daraus die Reife der politischen Kultur, die sich in Deutschland inzwischen entwickelt hat, besonders gut erkennen lässt. Der allererste Militäreinsatz, Kriegseinsatz, an dem die Bundeswehr in ihrer Geschichte nach den großen Veränderungen in Europa beteiligt war, war der im ehemaligen Jugoslawien, als der damalige Serbenführer Milosevic den auseinanderfallenden Teilstaaten mit militärischen Mitteln seine Vorstellungen eines großserbischen Reiches aufzwingen wollte. Die Entscheidung, ob überhaupt und unter welchen Bedingungen sich deutsche Soldaten an diesem Einsatz beteiligen sollten – einschließlich der schwierigen völkerrechtlichen Fragen der Mandatierung – musste bei uns im Oktober 1998 getroffen werden – wenige Wochen nach einer Bundestagswahl, deren Ergebnis die Abwahl der amtierenden Bundesregierung war, ohne dass die neue Regierung bereits im Amt gewesen wäre. Damals hat die noch geschäftsführend im Amt befindliche Regierung mit dem Bundeskanzler Helmut Kohl, dem Außenminister Klaus Kinkel, dem Verteidigungsminister Volker Rühe und den Repräsentanten der neuen Regierung mit dem damaligen niedersächsischen Ministerpräsidenten Gerhard Schröder und dem scheinbaren Dauerrevolutionär Joschka Fischer über die Frage gesprochen, ob und wie in einer solchen Zeit des schwebenden Übergangs von einer zu einer anderen Regierung eine Frage von diesem Gewicht mit möglichst breiter parlamentarischer Mehrheit entschieden werden könnte. Für mich persönlich gehört es zu den in keinem deutschen Schulbuch verzeichneten Sternstunden des deutschen Parlamentarismus, dass dieses Parlament in der Übergangszeit zwischen einer aus dem Amt scheidenden und einer völlig anders zusammengesetzten neuen Regierung nicht irgendeine Entscheidung, sondern die Entscheidung über den ersten Kriegseinsatz deutscher Soldaten nach dem Zweiten Weltkrieg nahezu einstimmig beschlossen hat. Und natürlich ist es schlicht wahr, dass wir beim Thema deutsche Militäreinsätze im Ausland möglicherweise eine völlig andere öffentliche Diskussionslage hätten, wenn diese ersten Militäreinsätze mit deutscher Beteiligung nicht in der Verantwortung einer Bundesregierung hätten durchgeführt werden müssen und können, die nach ihrer Zusammensetzung ganz sicher nicht unter dem Verdacht besonderer Militärfreundlichkeit stand. Die Frage, wie die Debatten in Deutschland gelaufen wären, wenn eine andere Regierung im Amt und die tatsächliche neue Regierung in der Opposition gewesen wäre, beantwortet sich fast von selbst.

„Freiheit. Sicherheit. Verantwortung."

Allerdings macht auch dieser spekulative Hinweis deutlich: Die Frage, ob überhaupt und wenn ja, unter welchen Bedingungen wie viele deutsche Soldaten mit welchem Auftrag irgendwo in der Welt ihren Einsatzbefehl erhalten, beantwortet sich eben nicht von selbst. Sie ist notwendigerweise Gegenstand des Streits einer öffentlichen Auseinandersetzung, nicht nur, aber insbesondere in einem Parlament, und natürlich ist diese Auseinandersetzung auch und gerade für das Thema Afghanistan nicht nur zulässig, sondern völlig unverzichtbar. Ich unterscheide mich im Übrigen vom Kollegen Gysi in der Beurteilung des Afghanistaneinsatzes auch dadurch, dass er für sich ganz genau weiß, dass dieser Einsatz falsch ist, und er hält die eigene Glaubensüberzeugung mit einer geradezu mittelalterlichen Frömmigkeit für die einzige mögliche Beurteilung dieses Themas. Während ich zu einer anderen Beurteilung komme und gleichzeitig gewissermaßen wöchentlich Zweifel mit mir herumschleppe, ob dieser Einsatz nicht nur gerechtfertigt ist, sondern aussichtsreich, was ja nicht dasselbe ist, und ob die Bedingungen unter denen die Aussichten dieses Einsatzes vergrößert werden könnten, von uns politisch, militärisch, finanziell gestemmt und verantwortet werden können. All dies ist nicht ein für alle Mal zu beantworten, sondern muss immer wieder streitig diskutiert werden. Dass bei uns am Ende Parlamente darüber entscheiden, ob Einsätze stattfinden, wann und wo und wie, ist nicht die Garantie dafür, dass die richtigen Entscheidungen getroffen werden, genauso wenig wie die Wahrscheinlichkeit, dass gleiche Entscheidungen, die von Regierungen getroffen werden, fehlerhafter wären – obwohl ich das übrigens tendenziell glaube.

Das hat jetzt gar nichts mit Regierungsskepsis zu tun. Es liegt einfach in der Struktur einer Entscheidungsfindung, dass getroffene Einsatzentscheidungen eine stärkere Neigung zur Selbstrechtfertigung entwickeln als eine aus streitigen Diskussionen mit Pros und Kontras und leidenschaftlichen Befürwortern und Gegnern erwachsene Entscheidung, die sich selbst in viel stärkerem Maße in Zweifel zieht. Der wesentliche Vorzug der parlamentarischen Entscheidung besteht nicht darin, dass sie prinzipiell „richtiger" ist, sondern darin, dass solche Fragen, die buchstäblich über Tod und Leben entscheiden können, nicht allein Entscheidungen einer Regierung sein sollten, sondern Entscheidungen eines Parlaments und damit der Vertretung des Volkes, in der alle relevanten politischen Gruppierungen mit ihren jeweiligen Lebenserfahrungen und Lebenseinschätzungen zu Wort kommen.

Das Thema bleibt kompliziert, es bleibt uns auch erhalten, deswegen gibt es auch keinen vernünftigen Grund, die Vortragsreihe aufzugeben oder einzustellen, denn es gibt ganz sicher neben alten immer wieder auch neue Gesichtspunkte, die eine neue Auseinandersetzung erfordern. Ich persönlich glaube, dass mit Blick auf die Grundsatzfrage, zu der ich heute sprechen sollte, das Verhältnis von Parlament und Armee in Deutschland ebenso beispiellos wie beispielhaft ist. Der Deutsche Bundestag weiß, dass er sich auf diese Armee verlassen kann und die Soldaten sollten wissen, dass sie sich auf ihr Parlament verlassen können.

"Geopolitische Neuordnung."

Die Bürgerinnen und Bürger unseres Landes wissen sehr genau, dass der Afghanistan-Einsatz der Bundeswehr nicht ungefährlich ist. Vor diesem Hintergrund müssen wir endlich die Realitäten anerkennen. Die Bundeswehr befindet sich in Afghanistan nicht im friedensschaffenden Einsatz – nein, sie kämpft gemeinsam mit der Staatengemeinschaft in einem Bürgerkrieg an der Seite an der afghanischen Regierung. Umso wichtiger ist es, endlich klare und nachvollziehbare Zielvereinbarungen zu formulieren. Diese müssen vor allem eins sein – ehrlich! Afghanistan wird in absehbarer Zeit keine Demokratie westlicher Prägung werden können. Dies muss die Politik endlich deutlich sagen!

Die Rolle der militär-politischen Führung der Bundeswehr sollte sich dabei unbedingt verändern. Wir brauchen in unserem Land mehr Generale und mehr Admirale, die den Politikern sagen, was sie benötigen, um ihre Vorgaben umsetzen zu können. Dabei denken die Herausgeber jetzt beispielsweise nur an die Ausbildung der Sicherheitskräfte – vor allem die der Polizisten. Ihr muss eine noch stärkere Bedeutung zukommen als bisher. Die Zusagen, die die Bundesregierung in diesem Zusammenhang auf der Afghanistan-Konferenz in London gemacht hat, müssen unbedingt eingehalten werden. Hier sind allerdings neben dem Bundesinnenminister auch die Ministerpräsidenten der Bundesländer gefordert – gefordert dabei, die personellen Zusagen Deutschlands einzuhalten.

Die Lösung der Probleme, die durch den Handel mit Drogen, vor allem Rohopium, entstehen, stellt eine weitere essenzielle Herausforderung für die Staatengemeinschaft dar. Eine Herausforderung auch für die Opposition. Denn Diskussionen um den richtigen Weg – auch um den richtigen Weg in Afghanistan sind integraler Bestandteil von Demokratie. Wer allerdings glaubt, seine bundespolitische Bedeutung auf dem Rücken der Soldatinnen und Soldaten ausbauen zu können, der irrt massiv. Gerade vor diesem Hintergrund kann ein grundlegender Konsens in der Außen- und Sicherheitspolitik zwischen Regierung und Opposition im Deutschen Bundestag nicht hoch genug bewertet werden.

Bundesminister a.D. Frank-Walter Steinmeier, MdB

Rede anlässlich der Vortragsreihe
„Deutsche und Europäische Sicherheits- und Verteidigungspolitik"
am 28. April 2010 in der Universität der Bundeswehr Hamburg

Bundesminister a. D. Dr. Frank-Walter Steinmeier, MdB,
Vorsitzender der SPD-Bundestagsfraktion.

„Geopolitische Neuordnung."

Als ich Ihre Einladung bekam, überkam mich ein kurzer Schreck: „Geopolitische Neuordnung" – das klingt ja zunächst ein bisschen nach Karl Haushofer und Carl Schmitt. Aber dann sagte ich mir: O.k., das mag ein etwas provozierender Vortragstitel sein. Aber wenn der Studentische Konvent der Helmut-Schmidt-Universität mich zu diesem Thema einlädt, dann steckt dahinter sicher nicht irgendwelche Carl-Schmitt-Nostalgie. Dann ist das wohl eher Ausdruck tieferen Nachdenkens – zumindest einer klugen Verlegenheit.

Und ich fragte mich weiter: Zeigt sich in dieser Wortwahl vielleicht, dass uns noch die rechten Worte fehlen, um den weltgeschichtlichen Umbruch, dessen Zeugen wir sind, angemessen zu erfassen? Zeigt sich darin vielleicht, dass häufig gebrauchte Begriffe wie „multipolare Welt" oder „Weltinnenpolitik" nicht wirklich tragen? Wir spüren alle, dass sich die Gewichte in der Welt dramatisch verschieben. Dass die zynischen Gewissheiten des Kalten Krieges nicht mehr gelten. Aber wir spüren auch, dass die sprachlichen Mittel fehlen, um das auszudrücken, was um uns herum geschieht. Dann sagte ich mir: In Ordnung! Ich lasse mich auf die Provokation dieser Einladung ein! Allerdings, wenn ich nach einem Begriff suche, um die intellektuelle und politische Aufgabe zu bezeichnen, die vor uns steht, dann ist das nicht der Begriff der „geopolitischen Neuordnung". Und das aus einem ganz einfachen Grund: „Neuordnung" setzt voraus, dass es eine Ordnungsmacht gibt. Jemanden, der aktiv Neuordnung betreibt.

Das Problem heute aber ist doch gerade, dass die führende Rolle der bisherigen Ordnungsmächte – der USA und Russlands – immer stärker infrage steht. Amerikaner und Russen suchen selbst händeringend nach ihrem Platz in der neuen Welt! Und auch China weiß noch keineswegs, was seine künftige Rolle sein wird.

„Geopolitische Neuordnung." 33

Ich selbst habe die Aufgabe, die vor der deutschen Außen- und Sicherheitspolitik steht, vor einiger Zeit mit einem anderen Begriff zu fassen versucht. Ich habe, in Anlehnung an das bekannte Buch von Daniel Kehlmann, von der „Neuvermessung der Welt" gesprochen. Ich wollte damit ausdrücken, dass wir durchaus neue Karten und einen verlässlicheren Kompass brauchen, um uns in der Welt von morgen orientieren zu können. Im Begriff der Neuvermessung schwingt noch etwas anderes mit. Wer die Welt vermessen will, muss sie zunächst bereisen! Er muss heraus aus der Studierstube. Er muss sich auf das Fremde einlassen. Wer nicht weiß, wie die Welt wirklich ist, sollte gar nicht erst versuchen, sie in Ordnung zu bringen!

Ich verstehe Ihre Überschrift so, dass Sie von mir hören wollen, was aus meiner Sicht die großen Linien sind, die für unser außen- und sicherheitspolitisches Handeln maßgeblich sind. Und das mit dem breiten Pinsel, mit klarem Strich, ohne all zu viel Rücksicht auf diplomatische Kalligrafie. Und das will ich versuchen - bei allem Respekt vor der Größe der Herausforderung.

Wie leicht man mit Prognosen falsch liegen kann, zeigt ein kurzes Gedankenexperiment. Versetzen wir uns einfach einmal in die Jahre 1810 und 1910. Das 19. Jahrhundert begann kriegerisch. 1810 hatte Napoleon Preußen besiegt und fast ganz Europa besetzt. In Spanien tobte ein erbitterter Guerilla-Krieg. Wer konnte damals ahnen, dass für Europa das 19. Jahrhundert eine vergleichsweise friedliche Epoche werden würde, geprägt von sagenhaften wissenschaftlichen und technologischen Sprüngen, aber auch von neuen sozialen Konflikten. Königgrätz und Sedan, so wichtig sie für unser kollektives Bewusstsein sind, waren klassische Entscheidungsschlachten in vergleichsweise kurzen Kriegen. Erst am Ende des Jahrhunderts, und nicht im Herzen unseres Kontinents, trat der Krieg in ganz neuer Gestalt auf: Der Krimkrieg und der Amerikanische Bürgerkrieg waren die ersten moderne Kriege – mit ungeheurem Materialeinsatz, neuen, mörderischen Waffen und bis dahin unbekannten Opferzahlen.

Ganz anders im Jahr 1910 – da feierte sich Europa als technologisches Zentrum der Welt. Am 23. April 1910 war in Brüssel eine neue Weltausstellung eröffnet worden. Wer außer ein paar sensiblen Künstlern ahnte damals, dass die friedliche „Welt von gestern", die Stefan Zweig voller Wehmut beschrieb, unmittelbar vor dem Untergang stand. Es folgten zwei Weltkriege, die von deutschem Boden ausgingen, der eine als europäischer Bürgerkrieg, der zweite als Unterwerfungs- und Ausrottungskrieg geführt.

Vorsicht ist also angebracht! Oder, wie der Aphoristiker sagt: Jede Prognose ist gefährlich, vor allem, wenn es um die Zukunft geht. Noch weiß keiner, ob die viel beschworenen Jahrhundertereignisse 9/11 oder die Wirtschafts- und Finanzkrise dem gerade erst begonnenen 21. Jahrhundert tatsächlich ihren Stempel aufdrücken werden. Eines aber lässt sich aus heutiger Sicht schon mit einiger Gewissheit sagen: Die weltpolitischen Gewichte werden sich weiter dramatisch verschieben.

Einen vergleichsweise sicheren Blick in Zukunft ermöglicht die Demografie. Und deren Befund ist klar: Im Jahr 1950 lebten in Europa unter Einschluss Russlands 547 Mio. Menschen, 2010 sind es 733 Mio., und im Jahr 2050 werden es nach Prognosen der UNO 691 Mio. sein. In Asien waren es 1950 1,4 Mrd., 2010 4,2 Mrd. und 2050 werden es 5,2 Mrd. sein. Weniger verlässlich, aber nicht weniger deutlich ist ein Blick auf die Wirtschaftszahlen. Zwischen 2003 und 2008 hat sich der Gesamtexport Chinas verdreifacht. 2007 hat China erstmals die USA als Exportnation überholt. Und alle mir bekannten Prognosen schreiben diesen Trend ungebrochen fort.

Im Februar 2009 hat der BND eine Studie zu den sicherheitspolitischen Konsequenzen der Wirtschafts- und Finanzkrise erstellt. Darin wurden drei Szenarien entwickelt: Szenario 1: Stabilisierung und schnelle Rückkehr auf weltweiten Wachstumskurs. Szenario 2: Die weltweite Instabilität setzt sich fort. Und schließlich Szenario 3: Die weltweiten Disparitäten nehmen zu. Während das Wachstum in Europa und den USA stagniert, spurten Länder wie China und Indien davon. Nach jüngsten IWF-Zahlen sieht es tatsächlich nach Szenario 3 aus! In Deutschland und der Eurozone rechnet der IWF für 2010 mit einem Wachstum von 1 – 1,2%. China aber, angetrieben von einem massiven Konjunkturprogramm, marschiert schon wieder in Richtung 10%.

Die „asiatische Herausforderung" wie diese Entwicklung oft genannt wird, verändert nicht nur unseren Blick auf die Zukunft. Sie verändert auch unseren Blick zurück. Es ist kein Wunder, dass die beiden wichtigsten Bücher zur Geschichte des 19. Jahrhunderts, Jürgen Osterhammels Buch „Die Verwandlung der Welt" und Christopher Baylys „The Birth of the Mo-

dern World" beide aus der Feder von Historikern stammen, die sich zuvor vor allem mit der
Geschichte Indiens, Chinas und Japans beschäftigt haben.

Aber so wichtig der Aufstieg oder aus dortiger Sicht Wiederaufstieg Asiens ist – er reicht allein nicht aus, um die neue Signatur unseres Zeitalters zu beschreiben. Nicht nur Indien und
China, auch Länder wie Brasilien und Südafrika verlangen, als Partner auf der Weltbühne
ernst genommen zu werden. Die Geschichte der Dekolonisierung, deren wahrgenommener
Höhepunkt in den 60er Jahren lag, die aber in Wirklichkeit ein sehr viel längerer Prozess ist,
geht erst jetzt endgültig zu Ende. Neue Mächte drängen auf die Weltbühne – und sie erwarten,
mit ihrem wirtschaftlichen Erfolg jetzt auch an politischem Einfluss zu gewinnen.

Selbst die mühsame Suche der islamischen Welt nach ihrer Rolle ist noch Teil dieses Deko-
nisierungs- und Emanzipationsprozesses. Für die islamisch-arabische Welt war die Eroberung
Ägyptens durch Napoleon und die drückende Überlegenheit der Europäer in den darauffol-
genden Jahrhunderten ein Kulturschock, von dem sie sich bis heute nicht vollends erholt hat.
Zwischen den Extremen einer kritiklosen Anpassung an die Westen und einem Al-Quaida-
Wahabismus sucht sie immer noch ihren Weg. Hier liegt übrigens auch der Grund, weshalb
die Frage nach einer europäischen Perspektive für die Türkei von grundsätzlicher, weltpoliti-
scher Bedeutung ist. Wer der Türkei die europäische Perspektive bestreitet, muss wissen, dass
dieses Land Alternativen hat und in ihnen denkt. Wer unter die Oberfläche der Auseinandersetzungen zwischen EU und Türkei schaut, der sieht, dass die außen- und sicherheitspolitische
Community in der Türkei an der Erweiterung ihrer strategischen Optionen arbeitet. Man
nehme nur das Buch, das der heutige türkische Außenminister Ahmet Davotoglu unter dem
bezeichnenden Titel „Strategische Tiefe" vor einigen Jahren geschrieben hat. Hier erscheint
die Türkei als Zentrum einer vorderasiatischen Staatenkonstellation, umringt von Nachbarn,
mit denen die Türkei in Friede und guter Nachbarschaft lebt. Dass dies kein einfaches Unter-
fangen ist, dass dies ein Langfristprojekt ist, sieht man an den jüngsten Spannungen im tür-
kisch-israelischen Verhältnis oder an den mühsamen ersten Schritten einer Normalisierung
mit Armenien.

Der Aufstieg der außereuropäischen Welt, obwohl schon seit langem im Gange, ist für uns
Europäer noch immer nicht leicht zu verkraften. Er bedeutet das Ende einer Illusion – zumindest einer lieb gewordenen Gewohnheit. Wir sind nicht mehr der Nabel der Welt! Europa

rückt aus der Mittellage heraus, in der wir uns nur in einem weltgeschichtlich kurzen Zeitraum befunden haben. Und diese kleine kopernikanische Wende hat nicht nur Konsequenzen für unser Selbstverständnis. Sie hat auch Konsequenzen für die politischen, aber auch wirtschaftspolitischen Weichenstellungen, die vor uns liegen.

Sechs dieser Konsequenzen will ich im Folgenden beschreiben, weil sie mir wesentlich erscheinen für unsere Orientierung in den kommenden Jahren.

Konsequenz Nummer eins: Die Europäische Integration bleibt unser wichtigstes Zukunftsprojekt!
Kein europäischer Staat wird in der Welt von morgen noch in der ersten Liga mitspielen können. Und selbst für Europa als Ganzes ist das noch lange nicht ausgemacht. Der Vertrag von Lissabon – bei aller begründeten Kritik an Inhalt und Umsetzung – war ein wichtiger Schritt nach vorn. Und er darf – das Bundesverfassungsgericht in Ehren – nicht der letzte Schritt gewesen sein. Ich bin auch in europäischen Dingen nüchtern genug, um zu sehen, dass Europa in den nächsten Jahren eine Durststrecke vor sich hat. Der Enthusiasmus der Anfangsjahre ist lange verflogen, die Mühen der Ebene haben uns eingeholt. Aber gerade die derzeitige Diskussion über die Finanzhilfen für Griechenland zeigt ganz klar, dass es keinen Weg zurück in die Vergangenheit gibt! Alles Gerede über eine Rückkehr zur Drachme, Lira und Peseten ist am Ende dummes, populistisches Geschwätz. Natürlich kann es nicht sein, dass wir für den Fehler anderer den Kopf hinhalten. Natürlich ist richtig, dass Griechenland zunächst selbst mit seinen Problemen fertig werden muss. Aber dazu ist die griechische Regierung ja bereit! Ich bin gespannt, welche deutsche Regierung den Mut hätte, ihren Bürgerinnen und Bürgern zuzumuten, was die griechische Regierung plant und nach den IWF-Auflagen umsetzen muss!

Ebenso richtig ist, dass die Verantwortung für unsere gemeinsame Währung verlangt, die griechischen Eigenanstrengungen in angemessener Weise beizustehen. Nicht aus Gefälligkeit, nicht als Belohnung für haushaltspolitische Disziplinlosigkeit, sondern zum Selbstschutz! Es gibt nur eine Gewissheit: Nichtstun gegenüber Griechenland infiziert die Nachbarmärkte mit rasender Geschwindigkeit.

Eines ist schon jetzt klar: Die Griechenland-Hilfe hat Bedeutung weit über den konkreten Einzelfall hinaus. Sie wird Europa verändern – und wir müssen alles dafür tun, dass es keine

Veränderung zum Schlechteren ist. Hier geht es um die Zukunft unserer gemeinsamen Währung, ja mehr noch: Um die Stabilität einer Währungsunion, die Voraussetzung dafür ist, dass auch wir in einer mehr und mehr durch den Weltmarkt bedrängten Situation die Leistungskraft unserer Volkswirtschaft erhalten können. Deshalb ist es wichtig, dass wir nicht nur über Hilfen entscheiden, sondern auch genau überlegen, welchen Beitrag die Gläubigerbanken leisten können, wie wir künftige Währungsspekulationen begrenzen und eine bessere Kontrolle der Finanzmärkte gewährleisten können.

Konsequenz Nummer zwei: Deutschland und Europa müssen auf Modernisierungs- und Innovationskurs bleiben! Mancher von Ihnen wird sich vielleicht noch erinnern an die Debatten, wie sie am Anfang des neuen Jahrhunderts in Deutschland an der Tagesordnung waren. Damals hatten die Katastrophenpropheten bei uns Hochkonjunktur. Jeden Sonntag saßen sie bei Sabine Christiansen auf der Couch. Hans-Werner Sinn sah uns auf dem Weg zu einer „Basarökonomie". Und Gabor Steingart schrieb den Bestseller: „Deutschland. Der Abstieg eines Superstars". Alle stimmten sie in das allgemeine Lamento ein: Deutschland sei reformresistent, sklerotisch, setze auf überlebte Industrien – und im Übrigen führe rot-grün in den sicheren Untergang.

Aber dann hat sich die Stimmung innerhalb weniger Jahre gedreht. Am Anfang wurden die Reformen der Agenda 2010 als zu zaghaft abgetan. Zu kleine Schritte, zu mutlos, nicht der große Ruck, der in Deutschland im Jahresabstand ausgerufen wird. Aber nach einiger Zeit konnte jeder sehen: Die Medizin wirkt! Aus Defiziten in den Sozialkassen wurden Überschüsse, die Unternehmen investierten wieder, neue Arbeitsplätze entstanden. Ganz Europa schaute mit anderen Augen auf uns: Deutschland galt nicht länger als der kranke Mann Europas, sondern wieder als das technologische und industrielle Kraftzentrum. Der Export boomte, der industrielle Exodus aus Deutschland ebbte ab, ja kehrte sich teilweise um. In wenigen Jahren wurde unser Land zum Ausrüster der Welt. Deutsche Maschinen und Fahrzeuge waren überall heiß begehrt. „Made in Germany" was back on stage! Wir waren Trendsetter! Green Tec war zunächst einmal German Tec! Die von uns eingeleitete Energiewende galt – und gilt – als Musterbeispiel kluger ökologischer Industriepolitik. Energiebesteuerung wurde überall eifrig kopiert.

Dann kam Lehman Brothers! Die Wirtschafts- und Finanzkrise, die im Sommer 2008 begann und die uns bis heute in Atem hält, hat den guten Lauf der deutschen Wirtschaft zwar nicht ganz abgebrochen, aber deutlich verlangsamt. Noch ist nicht klar, ob wir wieder den Anschluss an die Boomjahre vor der Krise schaffen. Noch ist unklar, welche langfristigen Lehren wir aus ihr ziehen. Ich sehe nur, und das sage ich nicht nur als Vorsitzender der größten Oppositionspartei, dass die deutsche Politik dieser Tage an den Herausforderungen einer ökonomisch gefährlichen Realität scheitert. Wir befinden uns immer noch mitten einer tiefen Krise. Und eine solche Situation verlangt Mut und Kreativität. Sie verlangt Bereitschaft zu neuem Denken. Und zu ungewöhnlichen Maßnahmen. Was aber erleben wir derzeit? Eine Regierung, die erschreckend konventionell handelt. Die Weltwirtschaft steht am Abgrund – und wir hören wirtschaftspolitische Plädoyers, die aus den Parteiprogrammen der 80er Jahre abgeschrieben sind. Mutlosigkeit und Fantasielosigkeit, wohin man schaut! Es geht mir nicht um die prinzipielle Frage „Steuersenkungen ja oder nein". Nur muss man sich fragen: Besteht derzeit dafür Spielraum? Sind das die richtigen Prioritäten, um aus dem Tal herauszukommen? Nein, was die Bundesregierung derzeit anbietet, ist mutlos und fantasielos. So gewinnen wir verlorenes Terrain nicht zurück! Unsere Konkurrenten schlafen nicht. Das Auto von morgen wird nicht zwangsläufig in Deutschland gebaut! Überall in der Welt werden die Ausgaben für Forschung und Bildung nach oben gefahren. Green Tec ist in aller Munde. Wenn wir nicht aufpassen, schmilzt unser Vorsprung schnell dahin.

Konsequenz Nummer drei: Die NATO bleibt Kernelement unserer Sicherheit. Aber wir brauchen einen neuen, umfassenden Sicherheitsbegriff. Wenn ich NATO sage, dann denke ich dabei nicht an die Summe der militärischen Kapazitäten ihrer Mitgliedsstaaten, dann rede ich von der NATO als politisches Bündnis, als Organisation von Staaten mit gemeinsamen Interessen. Wer den normalen Verlauf der Treffen der NATO- Außen- und Verteidigungsminister kennt, der weiß, dass dieser politische Charakter oft zu kurz kommt. Zu viel Rituale, zu viel Selbstbeschäftigung, zu viel fruchtlose Erweiterungsdebatten, zu wenig Diskussionen darüber, was man mit einer erweiterten NATO will. Grund zur Überarbeitung des alten strategischen Konzepts von 1999 gibt es genug. Die Bedrohungslagen haben sich verändert. Die klassische militärische Bedrohung verliert weiter an Bedeutung. Neue Gefahren wie der internationale Terrorismus, wilde Proliferation, Energie- und Rohstoffknappheit, Cyberterrorismus und politisch motivierte Spekulationen an den Finanzmärkten treten dafür in den Vordergrund. Keiner dieser Bedrohungen lässt sich militärisch begegnen. Bei keiner ist die NATO

„Geopolitische Neuordnung." 39

allein deshalb das Instrument der Wahl. Eine Rolle bekommt sie nur, wenn sie sich einbettet in einen Ansatz vorbeugender Außen- und Sicherheitspolitik, in der Gefahren nach Möglichkeit im Vorfeld erkannt und eine militärische Zuspitzung verhindert wird. Und ich hoffe, dass das neue strategische Konzept die Abrüstungspolitik wieder in ihr altes Recht einsetzt. Die Chancen dafür stehen nicht schlecht. Als ich vor zwei Jahren auf der Münchner Sicherheitskonferenz von Global Zero sprach, hielten das viele noch für blauäugig. Mittlerweile hat sich auch Präsident Obama zu diesem Ziel bekannt. Auch die Amerikaner erkennen mittlerweile, dass der Westen nicht glaubwürdig ist, wenn er auf der einen Seite die Iraner vom Griff nach der Bombe abzuhalten versucht und gleichzeitig keine eigenen Abrüstungsanstrengungen unternimmt. Die jüngste START-Vereinbarung ist deshalb ein wichtiger Schritt nach vorn. Ich hoffe, dass das neue Klima des Vertrauens, das zwischen den USA und Russland entstanden ist, auch zu Fortschritten bei der Reduzierung der taktischen Atomwaffen und der Erneuerung des KSE-Vertrages führt.

Konsequenz Nummer vier: Wir müssen Eurasien unter Einschluss Russlands neu denken. Die Tektonik auf unserem Großkontinent verschiebt sich, und diese tektonische Verschiebung geht weit über den Aufstieg Indiens und Chinas hinaus! Russland bleibt eine Energie- und Rohstoffgroßmacht. Aber der demografische Trend ist katastrophal. An der Grenze zu China entsteht eine klassische Frontier-Situation: ein vergleichsweise leerer Raum, Sibirien, voller Rohstoffe und Energie. Und jenseits der Grenze wachsen die Millionenstädte. Sicher: Russland bleibt nukleare Großmacht, Mitglied des Sicherheitsrates und wichtiger Akteur bei der Lösung fast aller Regionalkonflikte. Gleichzeitig aber kämpft es mit einer veralteten Infrastruktur und Industrie, einem unterentwickelten Gesundheitswesen und einer schwach ausgeprägten Zivilgesellschaft. Dieses Russland ist nicht mehr der traditionelle Widerpart der westlichen Welt. Aber es ist auch nicht einfach Teil Europas. Es ist ein Riesenland auf der Suche nach seinem künftigen strategischen Ort. Und über den wird in der russischen außenpolitischen Community heiß gestritten. Präsident Medwedew selbst hat den Gedanken einer engeren sicherheitspolitischen Partnerschaft zwischen Russland, Europa und den USA ins Spiel gebracht. Aus meiner Sicht ein Gedanke, der eine ernsthafte Debatte verdient. Denn diese prowestliche Grundorientierung ist auch in Russland kein Selbstläufer mehr! Ich habe in meiner Zeit als Außenminister häufig gesagt: Lasst uns nicht in die Kategorien des Kalten Krieges zurückfallen! Natürlich sehe ich die Demokratisierungsdefizite Russlands. Aber lasst uns langfristig denken. Russland braucht Europa – und Europa hat ein Interesse an einem Russland, das sich Europa verbunden fühlt. Für unser Verhältnis zu Russland habe ich den Begriff der „Modernisierungspartnerschaft" geprägt – einer Partnerschaft, von der beide Seiten profitieren, kurzfristig, aber auch langfristig-strategisch. Das hat anfänglich bei vielen, auch in Deutschland, für Naserümpfen gesorgt. Um so mehr hat mich gefreut, dass die EU auf dem EU-Russland-Gipfel im Herbst letzten Jahres diesen Gedanken aufgegriffen hat und jetzt auch ihr Verhältnis zu Russland als „Modernisierungspartnerschaft" beschreibt.

Aber wenn ich von tektonischen Verschiebungen rede, dann denke ich auch an den riesigen Raum, den wir Zentralasien nennen. Ich bin der festen Überzeugung, dass Europa hier weit unter seinen Möglichkeiten bleibt. Zwar ist es mir in meiner Zeit als Außenminister gelungen, eine EU-Zentralasienstrategie zu entwickeln und durchzusetzen. Aber ich sehe mit Sorge, dass Zentralasien wieder aus dem Blickfeld gerät. Nach meiner Erfahrung gleitet die Beschäftigung mit diesen vermeintlichen Randregionen schnell in die diplomatische Routine ab, wenn die politische Spitze nicht drängt und aktiv Interesse signalisiert. Klar ist: Zentralasien ist nicht nur ein wichtiger Rohstoff- und Energielieferant.

Es ist eine Region, die in vielfacher Hinsicht Scharnierfunktion hat. Sie ist islamisch geprägt ist und fühlt sich gleichzeitig der europäischen Kultur verbunden. Und es ist eine wichtige Transitregion zwischen Hanoi, Hongkong, Peking und Seoul auf der einen, Berlin, Paris, London oder Mailand auf der anderen Seite. Noch spielt der Landweg für den Austausch zwischen Europa und Asien eine geringe Rolle. Aber das wird nicht so bleiben. Die „neue Seidenstraße" wird in den nächsten 30-40 Jahren Realität werden – und auch für Deutschland wird viel davon abhängen, ob die Gegenstation zu Seoul oder Peking Berlin-Hamburg – oder Mailand bzw. Paris sind. In dem Zusammenhang ein kurzes Wort zu Afghanistan: Ein sofortiger Abzug der ausländischen Truppen, wie ihn manche fordern, würde nicht nur zur Rückkehr der Taliban führen – mit schrecklichen Konsequenzen für das afghanische Volk. Er würde auch eine an sich schon fragile Region weiter destabilisieren. Wir werden vermutlich gleich in der Diskussion noch länger über Afghanistan reden, deshalb hier nur ganz kurz: Ich stehe zu dem Satz, dass Deutschlands Sicherheit auch am Hindukusch verteidigt wird. Aber ich sage auch: Diese Verteidigung kann keine Daueraufgabe sein! Wir helfen den Afghanen, ihr geschundenes Land wieder aufzubauen und selbst für ihre Sicherheit zu sorgen. Das ist die Geschäftsgrundlage unseres Einsatzes, und sie muss mit klaren Erwartungen und verbindlichen Zeitplänen unterlegt werden.

„Geopolitische Neuordnung." 41

Präsident Karzai hat angekündigt, dass sein Land ab 2014 in der Lage sein will, selbst für seine Sicherheit zu sorgen. Und da sollten wir ihn beim Wort nehmen! Ich bin weiterhin fest davon überzeugt, dass unser Einsatz in Afghanistan noch notwendig ist. Aber ich glaube auch, dass wir jetzt eine klare und verantwortungsvolle Abzugsperspektive brauchen. Und dass wir deshalb alle Kraft darauf konzentrieren sollten, dass Afghanistan endlich auf eigenen Beinen stehen kann.

Konsequenz Nummer fünf: Wir brauchen eine Neubegründung der transatlantischen Partnerschaft. Denn wir können nicht mehr davon ausgehen, dass Europa in den USA weiter selbstverständlich und auf Dauer als privilegierter Partner betrachtet wird. Barack Obama ist der erste Präsident, dessen Lebens- und Erfahrungsraum nicht mehr in erster Linie atlantisch, sondern pazifisch geprägt ist. Schon vor seinem Amtsantritt konnte man in den Washingtoner Think Tanks beobachten, wie das Interesse an klassischen europäischen Themen immer weiter sank. Das sollte für uns Grund zur Sorge sein! Denn auch bei uns ist etwas in Bewegung geraten. Die Politik der letzten Bush-Administration hat mit dazu beigetragen, dass auch in Deutschland und Europa ein Gefühl der Entfremdung entstand. Die Transatlantiker auf beiden Seiten bilden einen zunehmend exklusiven und in seiner Mitgliedschaft immer älter werdenden Klub, der die gesellschaftlichen Debatten in Europa und den USA immer weniger zu prägen versteht. Ich habe mich in meiner Zeit als Außenminister mit einer Reihe von Initiativen bemüht, diesem Trend entgegenzusteuern. Nicht indem ich dem Streit mit den Bush-Leuten aus dem Weg gegangen bin! Dazu waren unsere Ansichten zu NATO-Erweiterung oder Raketenschirm viel zu kontrovers – bis hin zu meiner Ablehnung einer Grundphilosophie, die die Welt in schwarz und weiß einteilte, die unfähig war, die Zwischentöne zu sehen und sich deshalb in immer tiefere Widersprüche verwickelte.

Ich habe versucht, neue Themen auf die transatlantische Agenda zu setzen: Zukunftsthemen wie Green Tec, Rohstoffknappheit, Klimaschutz, sozialer Rechtsstaat, Global Governance. Denn ich glaube: Wenn wir bei der transatlantischer Partnerschaft in erster Linie an Traditionsthemen denken, wenn wir aufhören, über den Atlantik hinweg neugierig aufeinander zu sein, voneinander lernen zu wollen, gerade bei den Themen, die uns unter den Nägeln brennen, dann wird die transatlantische Partnerschaft von der Wurzel her verdorren. Das aber wäre ein großer Verlust: für Europa, die USA und wahrscheinlich auch für den Rest der Welt. Machen wir uns nichts vor: Mit keiner anderen Region der Welt verbindet uns so viel. Wirtschaftlich, geistig, politisch. Kein Wirtschaftsraum ist so eng miteinander verflochten wie Europa und die USA. Kein Ideenraum ist so produktiv. Und kein politischer Raum bekennt sich so eindeutig zu Demokratie, Menschenrechten und Marktwirtschaft.

Und mit diesen Stichworten komme ich zu meiner sechsten und letzten Konsequenz: Wir müssen uns in der Welt von morgen anders verständlich machen. Und müssen besser verstehen, wie der jeweils Andere denkt. Europa ist nicht mehr der Nabel der Welt. Und das Erbe der europäischen Aufklärung ist nicht mehr in jeder Ecke der Welt Zielpunkt der jeweils eigenen gesellschaftlichen Entwicklung. Ich habe es selbst erlebt: Das Selbstbewusstsein gegenüber den eigenen Traditionen und dem eigenen ideengeschichtlichen Erbe wächst. Nachdem Francis Fukuyama 1992 das Ende der Geschichte ausgerufen hatte, sah es für einige Jahre so aus, als stehe die Demokratie westlichen Zuschnitts tatsächlich als unangefochtener Sieger der Geschichte da. Erst das Erstarken des islamischen Fundamentalismus und der rasante wirtschaftliche Aufstieg wirtschaftlicher Player ohne Demokratie zerstörte die Illusion! Heute sieht die Welt ganz anders aus: In vielen Regionen der Welt – ein Erbe Bushs - steht die westliche Demokratie unter Ideologieverdacht. Vertreter „asiatischer Werte" stellen die Universalität der Menschenrechte infrage. Selbst im Herzen Europas, neuerdings in Ungarn, liebäugelt man mit dem Ruf nach einem starken, autoritäreren Staat.

Wenn unser Eintreten für Menschenrechte und Demokratie in dieser veränderten Welt erfolgreich sein soll, müssen wir uns besser verständlich machen. Das heißt praktisch: mehr Engagement, aber auch mehr Geld für auswärtige Kultur und Bildungspolitik! Ich habe hier in den vergangenen Jahren – in bewusster Abkehr von der Tradition meiner Vorgänger – einen klaren Schwerpunkt gesetzt. Und ich hoffe, dass diese Politik auch in Zeiten knapper Kassen fortgesetzt wird.

Ein kleines Beispiel, worum es mir geht: Im Jahr 2011 wird im Pekinger Nationalmuseum, auf dem Platz des Himmlischen Friedens, eine große deutsch-chinesische Ausstellung zur „Kunst der Aufklärung" gezeigt. Ich frage Sie: Gibt es ein besseres Symbol dafür, dass auch China mit seiner Rezeption westlicher Werte, mit seiner Auseinandersetzung mit dem Erbe der Aufklärung, noch lange nicht am Ende ist.

„Geopolitische Neuordnung." 43

Wir müssen, und das ist die andere Seite der Medaille, aber auch besser verstehen, wie der Rest der Welt tickt. Auch hier geht es nicht ohne Wissenschaft und Kultur. Deutschland ist zwar ein Land ohne große Kolonialtradition. Aber deutsche Wissenschaftler haben im 19. Jahrhundert – angestoßen durch die Humboldt'sche Universitätsreformen - in den Sprach- und Kulturwissenschaften Pioniertaten vollbracht. Deshalb sage ich mit Blick auf die heutigen „Bologna"-Universitäten: Ich würde es als einen großen Verlust betrachten, wenn im Zuge eines falsch verstandenen Effizienzdenkens Orchideenfächer wie Ägyptologie oder Sanskritologie aus der deutschen Universitätslandschaft verschwinden würden. In der Welt von morgen brauchen wir sicher Ingenieure, Biologen oder Chemiker, aber dringender denn je auch Ethnologen, Sprach- und Religionswissenschaftler – übrigens nicht nur an den Universitäten, auch in der Wirtschaft, im Auswärtigen Amt, bei den Sicherheitsbehörden – und nicht zuletzt bei der Bundeswehr.

Sechs Konsequenzen habe ich genannt. Sechs Weichenstellungen, die wichtig sind, damit wir in der Welt von morgen nicht Orientierung und Kompass verlieren. Was in den nächsten Jahren wirklich geschieht, weiß keiner von uns. Gelingt es uns, die derzeitige Phase der Instabilität auf den Weltfinanzmärkten mit vernünftiger Regulierung hinter uns zu lassen? Gelingt uns ein vernünftiger Umgang mit der klimapolitischen Herausforderung? Gelingt es uns, China und Russland fest in die internationale Verantwortungsgemeinschaft einzubinden? Und findet Afrika einen Ausweg aus der Spirale von Unterentwicklung, Armut und Gewalt? Offene Fragen, aber Grund zur Verzagtheit gibt es nicht. Auch das lehrt unsere Geschichte. Deutschland hat in den Abgrund geschaut – und ist heute weltweit angesehen wie kaum ein anderes Land. Wo wir herkommen, mag ein letztes Zitat belegen. Mitten im Furor, den die deutsche Naziherrschaft in ganz Europa ausgelöst hat, schrieb der eben schon erwähnte Stefan Zweig: „So gehöre ich nirgends mehr hin, überall Fremder und bestenfalls Gast; auch die eigentliche Heimat, die mein Herz sich erwählt, Europa, ist mir verloren, seit es sich zum zweiten Mal selbstmörderisch zerfleischt im Bruderkriege. Nie – ich verzeichne dies keineswegs mit Stolz, sondern mit Beschämung – hat eine Generation einen solchen moralischen Rückfall aus solcher geistigen Höhe erlitten wie die unsere."

Wir Deutschen haben von den Völkern der Welt nach diesem tiefen Fall eine zweite Chance bekommen. Wir haben sie bisher genutzt. Wer weiß, der darf vor einer Zukunft mit neuen offenen Fragen, der darf vor dieser Zukunft keine Angst haben!

„Sicherheit als gesamtgesellschaftliche Aufgabe."

Seit dem Luftangriff von Kunduz am 04. September 2009 ist in unserem Land eine intensive Debatte zum Einsatz deutscher Soldatinnen und Soldaten in Afghanistan spürbar. Leider musste es erst zu diesen dramatischen Ereignissen in jener Septembernacht kommen, damit eine breite Öffentlichkeit in Deutschland den Sinn und den Zweck des Engagements der Bundeswehr am Hindukusch diskutiert. Und zwar so intensiv diskutiert, wie nie zuvor. Dieser Umstand muss zunächst positiv gesehen werden. Nicht nur in den Feuilletonteilen der Zeitungen wird momentan über das Für und Wider des Einsatzes gesprochen. Dies ist wichtig. Vor allem wegen des Umstandes, dass regelmäßig zwei Drittel der Mitglieder des Deutschen Bundestages für das Engagement der Bundeswehr außerhalb Deutschlands votieren, gleichzeitig aber auch zwei Drittel der Bevölkerung den Afghanistan-Einsatz ablehnt. Es heißt, den Menschen zu erklären, warum und wozu die Bundeswehr zum Beispiel in Afghanistan ist. Die verkürzten Analysen, wie „nichts ist gut in Afghanistan", oder Ruf nach einem sofortigen „raus aus Afghanistan" sind da mit Sicherheit nicht hilfreich. Es heißt zu verstehen, dass Frieden, Freiheit, Demokratie und Sicherheit keine Selbstverständlichkeit sind. Es heißt zu verstehen, dass wir – und damit meinen die Herausgeber alle Bürgerinnen und Bürger unseres Landes – Sicherheit als gesamtgesellschaftliche Aufgabe anerkennen müssen.

Im Jahr 2010 feierten wir den zwanzigsten Jahrestag der Wiedervereinigung. Noch in den 80- er Jahren des 20. Jahrhunderts standen sich zwei bis an die Zähne bewaffnete Supermächte gegenüber – Deutschland war geteilt und wäre wohl zum Schauplatz des dritten Weltkrieges geworden. Die Generalität in Ost und in West wusste um die Konsequenzen sollten Streitkräfte zum Einsatz kommen. Folglich bestand der Einsatz der Bundeswehr darin, nicht eingesetzt zu werden. Von diesem Ausgangspunkt hat sich die Bundeswehr in den vergangenen zwanzig Jahren von einer reinen Verteidigungsarmee zu Streitkräften im Einsatz verändert. Diesen sogenannten Transformationsprozess hat die deutsche Öffentlichkeit allerdings – wenn überhaupt – nur am Rande wahrgenommen. Dass sich deutsche Soldatinnen und Soldaten seit den Terroranschlägen des 11. September 2001 auch in Afghanistan befinden, war noch im Bewusstsein vieler Menschen. Dass es sich aber bei der Bundeswehr nicht um ein bewaffnetes Technisches Hilfswerk handelt, realisierten schon deutlich Weniger. Vor diesem Hintergrund ist es die Aufgabe der Politik, endlich die Realitäten anzuerkennen – die Bundeswehr befindet sich in Afghanistan nicht im friedensschaffenden Einsatz – nein, sie kämpft in einem Bürgerkrieg an der Seite an der afghanischen Regierung. Umso wichtiger ist es, klare und nachvollziehbare Zielvereinbarungen zu formulieren. Wann und unter welchen Bedingungen ist ein Ende des Afghanistan-Einsatzes vorstellbar? Die Beantwortung dieser Fragen wird nicht allein gelingen – nur im Bündnis – nur gemeinsam mit dem transatlantischen Partner – ist dies möglich. Im Übrigen war es stets die Partnerschaft mit den Vereinigten Staaten von Amerika, die es der „alten" Bundesrepublik ermöglicht hat, in Frieden, Freiheit, Demokratie und Sicherheit zu existieren. Es waren und sind diese Werte, die uns einen – auch in Afghanistan. Die Verteidigung dieser Werte muss Interesse der gesamten Gesellschaft liegen, denn der internationale Terrorismus macht heute weder vor den Vereinigten Staaten von Amerika, noch vor der Bundesrepublik Deutschland halt. Der perfide Versuch, Kofferbomben im Rheinland zu zünden, macht dies exemplarisch deutlich. Daher müssen wir den Terrorismus dort bekämpfen, wo er nachweislich entsteht – nämlich beispielsweise in Afghanistan.

Gleichzeitig müssen wir aber auch einen Beitrag zum Wiederaufbau dieses vom Krieg so gezeichneten Landes leisten. Ein Wiederaufbau ähnlich dem in West-Deutschland nach dem Zweiten Weltkrieg kann damit aber nicht gemeint sein. Eine Westminster-Demokratie am Hindukusch erscheint in absehbarer Zeit mehr als nur unrealistisch. Solange die Hälfte des Bruttoinlandsproduktes Afghanistans durch den Handel mit Opium generiert wird, verbietet sich ein Vergleich mit westlichen Demokratien. Vielmehr ist es die Aufgabe der politisch Verantwortlichen, endlich realistische Ziele für dieses Land und seine Menschen zu formulieren. Dabei kommt der Ausbildung der Sicherheitskräfte die entscheidende Bedeutung zu. Wir brauchen beispielsweise endlich eine vernünftige Polizeiausbildung in Afghanistan – und zwar nicht durch die Feldjäger der Bundeswehr, sondern durch die Polizisten des Bundes und der Länder. In diesem Bereich sind neben dem Bundesinnenminister auch und ganz besonders die Ministerpräsidenten der einzelnen Bundesländer gefordert. Es heißt, die Entwicklung einer selbsttragenden Sicherheit in Afghanistan als gesamtgesellschaftliche Aufgabe zu verstehen. Die Verantwortung für dieses Land und seine Menschen liegt bei uns allen – denn Sicherheit ist eine gesamtgesellschaftliche Aufgabe.

"Sicherheit als gesamtgesellschaftliche Aufgabe"

**Rede anlässlich der Vortragsreihe
„Deutsche und Europäische Sicherheits- und Verteidigungspolitik"
11. Februar 2010 in der Universität der Bundeswehr Hamburg**

Ministerpräsident Roland Koch, MdL,
Ministerpräsident des Landes Hessen und
stellvertretender Vorsitzender der CDU Deutschlands

„Sicherheit als gesamtgesellschaftliche Aufgabe"

Sehr geehrter Herr Quandt, sehr geehrter Herr Präsident, meine sehr verehrten Damen und Herren, zunächst, ich bin schuld, dass wir zu spät gekommen sind, weil, ich habe zwei unfreiwillige Stunden im Flugzeug auf dem Frankfurter Flughafen, den ich sehr schön finde, aber unter diesen Bedingungen hätte ich ihn gerne schneller verlassen, verbracht, weil, sie wissen, wir haben Winter. Das halten manche in Deutschland für eine Krise. Ich persönlich bin der Auffassung, das ist überwiegend schön, aber heute Morgen hat es ein bisschen gestört und deshalb bitte ich dafür um Entschuldigung.

Das Zweite, ich bedanke mich herzlich für die Einladung. Wenn ich die Liste der Referenten sehe, haben Sie sich jetzt an einen Politiker aus der Provinz herangewagt, der sozusagen einen gewissen Vorteil hat, nicht unmittelbare Verantwortung zu haben mit Ausnahme der Beamtinnen und Beamten der hessischen Polizei, die in der Tat in diesem Dienst auch eine gewisse Rolle spielen und wir dafür eine Mitverantwortung haben. Das Thema, das wir verabredet haben, über Verteidigung als eine gesamtgesellschaftliche Aufgabe zu sprechen, kommt ja ein bisschen daher, dass ich weder den Anspruch erheben kann noch erheben will, dass ich derjenige bin, der auf der exekutiven Seite die aktuellen Leitlinien der Verteidigungspolitik zu definieren hat, wenn auch zu den Verfassungsregeln der Bundesrepublik Deutschland am Ende gehört, dass die alliierten Siegermächte bei der Schaffung unserer Ordnung wollten, dass Deutschland nicht aus der Bundeshauptstadt, sondern aus der Bundeshauptstadt und den Länderhauptstädten regiert wird. Das macht das Leben manchmal schwieriger, jedenfalls für einige, macht es gelegentlich angenehm, wenn man sich auf schwierigen Kompromisswegen dann doch einigt, aber es schafft eben ein solches Stück der gemeinschaftlichen Verantwortung, in der jeder das Ganze mit sehen sollte.

Ich habe mir eigentlich überlegt, ich will Ihnen zum Anfang etwas berichten, was mich in der Diskussion mit den Vertretern der Streitkräfte in meinem Bundesland bei all den Diskussionen auch über die Neuorganisation der Bundeswehr und die ja gleichzeitig stattfindende Neuorganisation der amerikanischen Streitkräfte mit der berühmten Verringerung des Fußabdruckes haben, beschäftigt hat. Hessen ist ein bisschen ein ungewöhnliches Bundesland, was die Strukturierung der Standorte von Streitkräften angeht. In Frankfurt haben sich die Amerikaner nach dem 2. Weltkrieg sehr stark ihre Einrichtungen geschaffen. Das heutige Gebäude der Frankfurter Universität ist nach einer langen Geschichte unter anderem eben auch das Hauptquartier der 5. US-Armee gewesen und das bedeutete, dass die Bundeswehr diesen Raum des großen Rhein-Main-Gebietes in ihrer Dislozierungsentscheidung fast vollständig ausgespart hat. Das hat dazu geführt, dass dann der Norden Hessens ein sehr spannendes Gebiet für viele Standorte, die manche von Ihnen kennen werden, der Bundeswehr ist, aber es ist schon immer eine Teilung in Nord und Süd gewesen. Und wann immer ich in den letzten zehn Jahren mit Standortentscheidungen zu tun hatte, waren sie ja zum ganz überwiegenden Teil Standortentscheidungen, die bedeuten Schließung, Konzentration von Einrichtungen, gelegentlich eine Verlegung, aber jedenfalls keinen neuen Standort. Und ich hab den Verteidigungsministern, den Verantwortlichen der amerikanischen Regierung und den jeweiligen Kommandeuren, die an dieser Frage mitgewirkt haben, immer gesagt, ich bin in einer Situation, dass ich nicht komme und an jedem Tag sage, ich brauche die Kaserne wegen der Arbeitsplätze. Selbstverständlich ist das Ganze im Norden Hessens in früheren Zeiten auch eine bedeutende Frage gewesen, aber im Rhein-Main-Gebiet zum Beispiel mit amerikanischen Streitkräften kann ein Hessischer Ministerpräsident nicht ernsthaft sagen, wenn da eine Kaserne geschlossen wird, führt das die Menschen in Arbeitslosigkeit. Die arbeiten nun woanders.

Wir sind eine wirtschaftlich so erfolgreiche Gegend, dass wir eher mehr Arbeitskräfte brauchen als weniger. Aber ich habe Ihnen gesagt, ich möchte gerne, dass die Bürger meines Landes in ihrem täglichen Leben Soldaten begegnen und auch Soldaten in Uniform. Ich glaube nicht, dass eine Gesellschaft vernünftig lebt, wenn das Militär, wenn das Leben der Soldaten etwas von irgendwo anders aus dem Fernsehen ist. Ich möchte, dass im zivilen Leben Menschen, die diese Verantwortung tragen, ihre Rolle spielen, dass sie in der zivilen Hilfe beteiligt sind, dass sie die Familien in den Kindergärten treffen, dass sie in dem normalen menschlichen Kommunizieren nicht über Soldaten und über Militär reden können, ohne zumindest zu bemerken, dass sie über Menschen reden, die ihre Nachbarn sind. Das hat durchaus zu vielen

"Sicherheit als gesamtgesellschaftliche Aufgabe" 49

Diskussionen geführt. Ich glaube manchmal ist es auch gelungen, damit zu überzeugen. Wir sind ganz zufrieden damit, dass wir nicht gerufen haben, schließt die Standorte, also ein Akt der Friedenspolitik, sondern gesagt haben, behaltet die Standorte. Das ist eben aber auch ein Teil einer wohlverstandenen nationalen Politik, in der die Armee und in der die Verteidigung eine nicht zu unterschätzende Rolle spielen. Ich versuche jedes Jahr, wir haben ein großes Volksfest, wenn es hier Hessen gibt, wissen die, dass der Hessen-Tag mit mehr als einer Million Besuchern im Jahr, eine der größten und wichtigsten Ereignisse ist, dass dort jeweils die junge Generation ein großes Feld der Bundeswehr und der amerikanischen Streitkräfte sieht. Das ist die gleiche Motivation. Wir können auch Brot und Spiele anders organisieren. Das ist nicht der Punkt. Aber es ist der Punkt, die Realität dieses Teils mit in die Gesellschaft hineinzunehmen.

Ich glaube, wir müssen uns darüber klar sein, wenn wir über diese Frage sprechen, dass das für uns in der Bundesrepublik Deutschland mit unserer Geschichte schon eine besondere Herausforderung darstellt. Und natürlich war das Jahr 1989 für die Menschen in diesem Land, die zu dieser Zeit die Politik gestaltet und beobachtet haben, insbesondere aber auch für diejenigen, die das Ende des 2. Weltkriegs noch persönlich erlebt haben, ein besonders tiefer Einschnitt, ein Einschnitt in zweierlei Hinsicht, der seine Wirkung bis zum heutigen Tag hat und uns noch mindestens ein, zwei Jahrzehnte verfolgen wird. Der eine Einschnitt liegt darin, dass alle eigentlich auf der Welt bis zum 9. November des Jahres 1989 gesagt haben, wehe ihr beteiligt euch irgendwo, bleibt schön neutral unter dem Gesichtspunkt, wir machen das auf der Welt, wir sorgen auch für euch, aber ihr seid so an der Nahtstelle des Konfliktes der Welt, dass jede Involvierung in andere Konflikte schon für sich eine Gefahr ist. Natürlich hat das einem jungen Soldaten wie mir im Jahr 1977 die subjektiv doch starke Gewissheit gegeben, dass, wenn ich das ordentlich mache, ich nie gebraucht werde und meinen Eltern auch. Und allen darum herum. Diese Gesellschaft hat mit einer Armee gelebt in der vergleichsweise großen Gewissheit, dass diese Armee ihre Funktion darin hat, nicht gebraucht zu werden und an den großen Schlag hat trotz des Fulda-Gap und trotz aller Szenarien, die man kannte, ernstlich niemand geglaubt, was ein Kompliment an die Verteidigungsfähigkeit und ein Kompliment an die Friedensfähigkeit der Politik war.

Und mit einem Mal wurde der Lichtschalter umgelegt. Und die Frage zwei Jahre danach war, wo seid ihr eigentlich? Die Gleichen, die vorher gerufen haben, bleibt weg, haben gesagt, es wird aber Zeit. Aber die Fähigkeit eines Volkes, mit Risiken umzugehen, Verantwortung zu definieren, ist kein Lichtschalter, den kann man nicht einfach drücken und jetzt ist alles anders. Sondern es ist eine Frage von kultureller Identität, die durch Geschichte, durch Erfahrungen und Herausforderungen entsteht. Und diese Kombination der Einflüsse hat uns geprägt und hat die meisten Menschen in diesem Land geprägt. Und es kommt etwas Zweites hinzu. Demokratien haben immer Angst vor Krieg. Das ist eine der großen Leistungen demokratischer Strukturen. Mit Demokratien Krieg zu führen ist eine sehr komplizierte Veranstaltung - Gott sei Dank. Aber in einem Land, in dem so viele Menschen sich fest geschworen haben, angesichts des Leids, das sie erlebt haben und das sie gesehen haben, nie wieder ihre Kinder etwa in einem solchen Krieg beteiligt zu sehen, ist die Auseinandersetzung noch eine ganz andere.

Mein persönliches Erlebnis kann man am besten mit meinem Vater, der im 2. Weltkrieg war, der in seinem späteren Berufsleben auch Politiker geworden ist, der mein Vorgänger im Hessischen Kabinett war und als Justizminister in der Regierung in den 80er Jahren tätig war und der deshalb ganz sicherlich als Christdemokrat eine sehr gefestigte Auffassung zu all den Dingen hat, die sie von einem Christdemokraten erwarten können oder erwarten dürfen. Aber dass Deutschland sich noch einmal an einem Krieg beteiligt, war für ihn so undenkbar, dass er dann nicht mehr zur Wahl gegangen ist. Da endete es. Das verstehen zum Beispiel unsere amerikanischen, meine amerikanischen Freunde, gar nicht immer. Ich hab das Beispiel einmal benutzt, um dem amerikanischen Präsidenten in einer Diskussion, wo er gesagt hat, was macht ihr da eigentlich, zu erklären, was der Unterschied ist. Diese Welt, dieses Gefühl ist ein spezifisch Deutsches. Und wer es ignoriert, der wird in der Debatte über die Politik der Zukunft nicht zum Ziel kommen. Weil, das ist ein Teil der Geschichte und man kann nicht auf Geschichte bestehen und an diesem Teil sie vergessen. Und deshalb ist das Hineinfinden in die Rolle Deutschlands für die Zukunft in der Welt diese Frage, warum machen wir das und das behutsame damit Umgehen Schritt für Schritt an dieser Stelle in eine Normalität, die durchaus eine herausfordernde und manchmal für einzelne sogar eine tödliche Realität sein kann.

Dieser Weg in diese Realität ist für Deutschland ein beachtliches politisches Projekt. Und es gehören manche Zufälle und manche Bewältigung der Herausforderung dazu, auf die man nicht planen kann. Die Tatsache, dass ein grüner Politiker Außenminister der Bundesrepublik

Deutschland war, als der erste scharfe militärische Einsatz in ernsthafter Begleitung zufällig in einer Situation, in der die Menschenrechtsfrage so offensichtlich und drängend war, aber es dennoch ein scharfer militärischer Einsatz war, wie das im ehemaligen Jugoslawien der Fall war, also sozusagen den Punkt des Eintritts der Erfahrungswelt der Deutschen in eine militärische Situation, die sie für unmöglich gehalten haben, gehört zu den glücklichen Fügungen, obwohl ich das für die Regierung, der er angehört hat, insgesamt nicht sagen sollte. Aber dieser Weg ist ein sehr, sehr sensibler. Und deshalb ist die Frage, ob Verteidigungspolitik eine gesamtgesellschaftliche Aufgabe ist, in unserem Land mit unserem Hintergrund eine eigentlich noch größere Selbstverständlichkeit als in Ländern, die sich angewöhnt haben, das für eine eigene Entität der Normalität zu halten.

Unsere französischen Nachbarn haben für die ganz gefährlichen Sachen die Fremdenlegion und finden, das ist wichtig, dass der Präsident sich darum kümmert, aber da muss man sich nicht jeden Tag gesellschaftlich drüber aufregen. Und auch in einigen anderen Ländern ist das ein Berufsstand, der nicht in einer solchen Weise verankert ist. Damit bin ich beim zweiten Punkt, der ja in diesen Tagen in der Diskussion auch immer wieder eine Rolle spielt und spielen muss. Die Frage warum in unserem Land keine Berufsarmee, sondern eine Berufsarmee kombiniert mit Wehrpflicht existiert. So ist ja die Realität heute, ist eine der zentralen Bestandteile der Antwort gesamtgesellschaftliche Verpflichtung aus der Verteidigung zu sehen. Wir in Deutschland können es uns weniger als jedes andere Land leisten zu glauben, dass wir die Fragen der Verteidigungspolitik und der Sicherheitspolitik abschieben können in eine Einheit von Leuten, die dafür einfach Geld haben wollen. So wenig wie man sie aus dem Land herausnehmen darf, damit man sie nicht mehr sieht, darf man sie aus der Gesellschaft herausnehmen, weil es keine Verpflichtung mehr ist, sondern etwas, was halt immer noch viel kostet, aber die normale Gesellschaft nicht betrifft. Nein, Verteidigungspolitik, Sicherheitspolitik, Armee muss potenziell jede Familie betreffen können. Das macht sie unbequemer, das macht die Entscheidungen der demokratischen Rechtfertigung sehr viel komplizierter, das finde ich auch nicht schlecht, aber vor allen Dingen, es ist die einzige Chance, in einem Land, das solche begründeten Elemente des Widerstrebens aus seiner Geschichte aufgebaut hat, in die Balance zu führen, die notwendigen Herausforderungen zu bewältigen, ohne durch Ignorierung und Verdrängung am Ende ziemlich schlimme Auswüchse zu haben, indem man nämlich dann auf einmal eine Art von Nationalismus und Stolz mit sozusagen einer Truppe, die außerhalb der Gesellschaft steht, entwickeln würde, die niemand ernsthaft will.

Die Wehrpflicht ist in Deutschland ein Teil der Garantie dafür, dass wir vernünftig mit unserer Geschichte und mit der Zukunft umgehen. Da mag es schwierig sein, wie viele Monate das noch sind, da mag Wehrgerechtigkeit eine große Herausforderung sein, da mag die Tatsache, dass die Ärzte unserer Wehrersatzverwaltung irgendwann zu der Auffassung gekommen sind, dass 45 Prozent der jungen Männer unseres Landes gesundheitlich so beeinträchtigt sind, dass sie nicht den Dienst in der Bundeswehr leisten können und dass – eines meiner liebsten Beispiele – einer der deutschen Geher-Meister wegen Plattfüßen nicht eingezogen werden kann, das alles mag sein und mag uns beschäftigen und da müssen wir dran arbeiten, aber es ist etwas qualitativ anderes als die Fragestellung, ob man eine allgemeine Wehrpflicht hat oder nicht. Und unter dieser Voraussetzung müssen wir dann fragen und wir müssen als Politiker beantworten, warum machen wir das. Und wir werden uns, und das ist sehr rustikal, um die Tatsache nicht herumdrücken können, dass wir sehen, dass es in einer Gesellschaft mit Milliarden von Menschen immer eine hinreichende Zahl von Menschen gibt, die charakterlos, wirtschaftlich interessiert, politisch oder religiös fanatisiert sind und deshalb von Gewalt Gebrauch machen – zur Erreichung ihrer Ziele mit subjektiv oder auf Gruppen bezogen, vermeintlich guten oder schlechten Gründen, aber durchaus mit Nachhaltigkeit. Und das wird nicht vorbeigehen. Wer hätte geglaubt, dass wir nach Sir Francis Drake noch mal mit Piraterie zu tun hätten? Und auf einmal Leute wieder mit dem Kutter herausfahren und sich auf einmal der großen Schiffe bemächtigen. Und durchaus unsere Armeen vor nicht unbeachtliche Herausforderungen stellen, eine beachtliche Fläche zu sichern. Es sind Not, Hass, Verblendung, was auch immer, aber es ist die Erkenntnis, dass niemand davon ausgehen kann, dass mit den Menschen, wie sie auf dieser Welt leben, eine Welt entsteht, in der nicht die Versuchung besteht, Gewalt zu gebrauchen. Und deshalb ist die Frage im Inneren wie im Äußeren banal, das Gewaltmonopol unserer Polizei im Inneren und die Fähigkeit, Gewalt abzuwehren, im Äußeren sind essenzielle Voraussetzungen dafür, dass ein Land frei und glücklich sein kann. Und das muss man gelegentlich auch so einfach aussprechen, wenn man über die Frage redet, warum nutzen wir das.

Die Herausforderungen, die dahinter stehen, haben sich gewandelt. Gut, Gott sei Dank. Unsere Nachbarn in Europa, mit denen spricht nichts dafür, dass wir in eine militärische Auseinandersetzung geraten, aber Jugoslawien hat gezeigt, dass, wenn wir nicht in eine militärische Auseinandersetzung geraten, trotzdem 300 Kilometer von München entfernt eine Situation sein kann, wo man bei bestem Willen nicht zuschauen darf und deshalb auch bereit sein muss,

Gewalt anzuwenden, um einen Schaden, der vielleicht auf den ersten Blick eher ein moralischer ist, dass eine Gesellschaft wehrlos zuschaut, wie Menschen abgeschlachtet werden, der aber natürlich, wenn dann die Schlächter gewinnen, irgendwann auch eine Qualität gewinnt, indem diejenigen, die militärisch oder mit Gewalt Erfolg gehabt haben, nicht aufhören, Gewalt anzuwenden, nur weil sie erfolgreich waren. Und deshalb ist die Herausforderung dahin steht, Regeln zu haben, sie durchzusetzen und im Zweifel die Fähigkeit zu haben, dass, wenn man dann herausgefordert ist, es auch mit Gewalt zu tun, eine, die auch dann bestehen bleibt, wenn in der unmittelbaren Umgebung unseres Landes ein historisches Friedenswerk gelungen ist. Denn die Tatsache, dass dieser Kontinent stabil friedlich ist, ist ja historisch gesehen alles andere als eine Selbstverständlichkeit. Und wenn die Menschen im Jahre 1948/49 oder 1950 das erzählt bekommen hätten, was wir heute haben inklusive der einheitlichen Währung und der Art der militärischen Kooperation, wie wir sie in Europa heute haben, Deutsche, Franzosen und Polen miteinander, hätten sie das für eine ziemlich utopische oder irrsinnige Annahme gehalten. Aber dabei ist die Welt größer geworden. Und deshalb ist heute eine Bedrohung, die wir früher nicht mal mitbekommen hätten, eine, die tagesaktuell ist. Wer die Reiseberichte eines Heinrich Harrer über China und Tibet sich Revue passieren lässt, weiß, wie viele Jahre später seine Erlebnisse überhaupt Europa erreicht haben. Und sieht, wie die militärische Bedrohung in einem Bereich wie Afghanistan heute eine unmittelbare tägliche Auswirkung auf unsere Sicherheit haben kann, der sieht eben, dass sich diese Lage verändert hat. Ich bin nicht sicher, ob der Satz mit, dass Deutschlands Freiheit auch am Hindukusch verteidigt wird, ein Satz ist, der sozusagen besonders vielen Menschen als außergewöhnlich klug im Kopf geblieben war, weil sie ihn für an der Grenze des Unerreichbaren bis Absurden hielten. Aber ich finde, dass wir nach wie vor feststellen müssen, dass dieser Satz schlicht richtig ist. Und ich finde, dass wir als Herausforderung betrachten müssen, dass Menschen versuchen, dieser Erkenntnis zu entgehen.

Das, was wir in Deutschland haben mit der berechtigten Sorge des Hineingezogenwerdens in militärische Auseinandersetzungen, führt natürlich dazu, dass die Menschen sagen, je weniger plausibel es offensichtlich ist, umso leichter ist es für mich aus prinzipiellen Gründen abzulehnen, das zu unterstützen. Und umso mehr werden Hilfsargumente benutzt und das ist sicherlich eine Schwäche von Politik, dass wir auch im Herzen der Menschen die dünnste Stelle suchen. Ob das nur eine Schwäche der Politik ist, weiß ich nicht, aber es ist jedenfalls auch eine zu sagen, nehmen wir das Argument, das am einfachsten funktioniert bei hochkomplexen

Sachverhalten. Und das Argument, wir sorgen dafür, dass Mädchen in Afghanistan endlich in die Schule gehen können, ist zweifellos nach dem Argument, wir verhindern, dass Menschen umgebracht werden, das zweite, was viel, viel leichter argumentierbar ist, als die schwierigen Zusammenhänge des internationalen Terrorismus zu erklären. Die Gefahr, die dabei besteht ist, dass irgendwann die Balance nicht mehr stimmt. Natürlich werden wir nicht mit Kampfeinheiten dafür sorgen, dass in Afghanistan Mädchen in die Schule gehen können. Und ernsthafterweise müsste man ja wahrscheinlich auch sagen, das wäre beim besten Willen nicht der Job der Bundeswehr, sondern es bleibt dabei, dass wir einen Rückzugsraum des Terrorismus in Kooperation Gott sei Dank mit einer nationalen Regierung so befrieden wollen, dass er nicht mehr Rückzugsraum von Terrorismus sein kann, weil dieser Terrorismus uns direkt, unmittelbar bedroht. Und das ist dann wieder eine Kompetenz, die ja eher beim Ministerpräsidenten als bei der Bundesregierung liegt, wir sehen diese Bedrohung durch diese Rückzugsräume.

Wenn Sie das Stichwort Terrorcamps sehen, die natürlich in einem Land, das einigermaßen rechtsstaatlich organisiert ist, mit dem die Staatsgewalt Autorität über die gesamte Fläche ihres Herrschaftsbereichs hat, so nicht entstehen kann oder wir dann mit diesem Staat eine Auseinandersetzung beginnen können, die einen rationalen Hintergrund und eine fassbare Alternative hat mit allen Schwierigkeiten, die das ist, Stichwort Iran Hisbollah, nicht so, dass das alles nur irgendwo anders stattfindet. Aber wir haben eine Chance, damit zu arbeiten und wir haben eine Chance mit einer Regierung zu verabreden, dass da Strafverfolgung stattfindet in Gebieten, in denen die vollständige Gesetzlosigkeit nach den allgemeinen Regeln hergestellt ist, geht das nicht, also ist das Ziel der Bundesrepublik Deutschland, mit Ihrer Unterstützung zu ermöglichen, dass Recht und Gesetz rechtmäßige Zustände eines Staates auf dem gesamten Staatsgebiet herrschen, ein nationales Sicherheitsinteresse der Bundesrepublik Deutschland. Und wenn sie das nicht haben, dann haben sie diese Terrorcamps. Und wir sehen dann inzwischen, wir haben ja nun gute Dienste, die alles einigermaßen miteinander hören und die in den letzten Jahren gerade die Dienste Europas und Amerikas enorm viel an Zerstörungspotenzial terroristischer Aktivitäten verhindert haben. Manches, was in der Zeitung stand, manches, was nicht in der Zeitung stand. Aber wir sehen, da gehen Leute, abgeworben aus Deutschland, mit Geld aus dem Ausland, dorthin, wir können schon anhand der Tickets sehen, wann die ankommen, weil sie alle bestimmte Reisewege benutzen, wir sehen, dass die ausgebildet werden, wir kommen an dieses Ding nicht ran. Wir haben schwierigste

Debatten in Deutschland, ob wir ein Gesetz machen, dass allein die Teilnahme an diesem Terror-Camp strafbar ist, was ich für richtig hielte, und wenn die wieder hierher kommen, stellen wir Leute um die rund um die Uhr, um aufzupassen, dass die nichts tun. Und in der Tat werden das Jahr für Jahr mehr. Und jetzt mal nüchtern betrachtet, das macht uns schon Schwierigkeiten in bestimmten Ecken Afghanistans. Das beginnt, uns große Schwierigkeiten zu machen im Jemen. Und es war ein ganzes Land wie Afghanistan, das zur Verfügung stand für solche Ausbildungen. Und deshalb muss man wissen, das ist nicht auf Afghanistan beschränkt. Es ist eine sehr, sehr nahe Frage für einen, der eine Länderpolizei zu verantworten hat, wie viel Mann ich eigentlich dafür abstellen kann, um Leute herumgestellt zu werden, die irgendwo in der Welt dafür ausgebildet worden sind, als schlummernde Bombe irgendwann irgendetwas zu tun, was dann die persönliche Integrität von Hunderten, Tausenden – die haben ja Versteigerungswettbewerbe im Internet wie viel Leute sie mit einer Aktion in Deutschland umbringen können – betrifft.

Ich bin sehr froh, dass mit diesem Fall, der unter Sauerland bekannt geworden ist, das ein Stück öffentlich geworden ist. Aber das ist eine tatsächliche Bedrohung. Es ist natürlich qualitativ eine völlig andere Bedrohung als diejenige, die man in einer klassischen militärischen Auseinandersetzung von Panzerdivision gegen Panzerdivision irgendwo in den Geschichtsbüchern gehabt hat. Aber es ist eine Bedrohung, die zwei Dinge machen kann, nämlich die zum einen Menschen das Leben kostet und zum anderen einen Staat seinen inneren Frieden und seine Freiheit kosten kann. Und zwar in zwei Wegen, nämlich durch Angst der Menschen oder aber durch die Tatsache, dass wir uns beim Wehren gegen diese Bedrohung so stark in eine Verringerung von Freiheitsrechten begeben, dass die Freiheit am Ende dadurch ausgehöhlt worden ist, dass wir die Freiheit schützen wollen. Und je mehr wir herausgefordert werden, je mehr gibt es diese Dinge. Und deshalb kann man sich nicht im Land einigeln und sagen, die kommen nicht zu uns. Das ist ausgeschlossen in einem freien Land. Wenn man das wollte, müsste man einen totalen Überwachungsstaat organisieren. Das ist die einzige Alternative zu der Frage, solche Bedrohungen vor Ort zu bekämpfen. Das ist die gesamtgesellschaftliche Dimension in der die Frage, Verteidigung außerhalb der Landesgrenzen gegen, was Sie viel besser erklären können als ich, asymmetrische Bedrohungen.

Ja, es ist eine Schwierigkeit, das öffentlich zu erklären. Es gibt nicht sehr viele Menschen, die dort hin hören und es gibt für diejenigen, die sich dafür interessieren, ein großes Problem, das in einer medialen Welt, in dem man der Information entfliehen kann, 50 Prozent der Menschen in einer Gesellschaft gar nicht mehr an den Stellen teilnehmen, an denen man theoretisch die Information weitergeben könnte – Klammer auf: Da sind sie wieder bei meinem Punkt, ich möchte, dass Menschen sich begegnen. Ich glaube, dass es andere Wege geben muss, als dass wir glauben, im Volkshochschulkurs erklären zu können, warum das alles geschieht. Und ich denke, wir müssen dafür sorgen, dass bei so guter Begründung bei der Unabdingbarkeit von militärischer Verteidigung wir eine erklärbare gesamtgesellschaftliche Anstrengung daraus machen, das erfolgreich zu bewältigen. Das heißt, natürlich ist die Aufgabe auch, die handwerklichen Bedingungen dafür herzustellen, dass Menschen einigermaßen guten Gewissens sagen, dass sie das mittragen können. Dazu gehört die Ihnen allen bekannte, in ihrer Ausbildung so wichtige und oft herausfordernde, Frage einer sehr präzisen rechtsstaatlichen Transparenz. An die Deutsche Bundeswehr werden andere Ansprüche gestellt als an manch andere Armee in der Welt. Nicht von irgendjemand auf der Welt, sondern von dem Volk, das diese Armee tragen muss. Das ist im unmittelbaren Einsatzfall in der Frage, wie kompliziert bestimmte Vorgaben sind, wie strikt bestimmte Recherchen sind, auch für diejenigen, die im militärischen Dienst stehen, nicht besonders angenehm. Und wenn sie dann mit anderen Soldaten aus anderen Ländern zusammen sind, lächeln, bedauern oder was auch immer, die gelegentlich die Beteiligten unter dem Motto "Was ihr für einen Aufstand habt".

Aber ich glaube, dazu gehört auch klar zu sagen, in einem Land wie Deutschland mit seiner Geschichte, mit seiner Notwendigkeit der Integration von Verteidigung in die Gesellschaft gibt es zu dieser Striktheit keine Alternative. Und sie entspricht unserem Verständnis von Recht, unserem Menschenbild und muss deshalb auch gelebt werden. Das bedeutet am Ende auch, dass man das, was gerade in diesen Tagen und Stunden passiert, etwa in einem Untersuchungsausschuss des Deutschen Bundestages, der in vergleichbarer Weise auch nur in wenigen Ländern der Welt so denkbar wäre, ertragen muss. Ich weiß, dass es aus der Sicht der Bundeswehr und der Betroffenen auch ein Ertragen ist, weil, ich bin ein bisschen erfahren in der Verunstaltung von öffentlicher Meinung durch Überschriften, sodass ich sozusagen natürlich mit Oberst Klein in Person sozusagen sagen kann, ich habe ein gewisses Verständnis, was in ihm und seiner Familie und der Umgebung vorgeht, was dort in der Öffentlichkeit alles passiert ist. Ja, das ist etwas, was uns auch belastet und leider Gottes muss man sagen, so, wie

"Sicherheit als gesamtgesellschaftliche Aufgabe" 57

das in unserem Beruf der Fall ist, ist das auch dort der Fall. Es steht das, was die Bundeswehr tut, unter einem besonderen öffentlichen Druck und Transparenz und Risiko.

Aus meiner Sicht erhöht das die Verantwortung der Politik, allerdings auch auf einer anderen Seite, nämlich auf der Seite des notwendigen Schutzes der Beteiligten. Ich habe eine Polizei vorgefunden, und da kann ich ja nur aus der Provinz berichten, die nach einer rot-grünen Regierungszeit sehr verunsichert war darüber, ob, wenn sie strikt entscheidet, sie am Ende die Rückendeckung ihrer Vorgesetzten hat oder nicht. Und ich habe trotzdem eine Verantwortung mit meinem Innenminister für eine Polizei, indem ich sicherstellen muss, dass, wenn Beamte nicht korrekt entschieden haben, ich nicht anschließend behaupte, das müssen wir vertuschen, sonst merkt einer, dass ein Fehler gemacht worden ist. Nein, dieses Spannungsfeld auszuhalten ist die Herausforderung. Und ich finde, der Bundestagsausschuss, der da jetzt entsteht, bei allen Streitigkeiten finde ich, dass die Art und Weise, wie die Abgeordneten aller Parteien mit der Aussage von Oberst Klein von gestern heute in der Öffentlichkeit umgegangen sind, eher hoffnungsvoll als das Gegenteil.

Ich habe von Politikern übrigens aller Parteien in Deutschland weniger dummes Zeug gehört als ich dummes Zeug in Zeitungen gelesen habe. Und Sie erlauben mir als einer aus meinem Berufsstand, dass ich normalerweise den Eindruck habe, dass es oft umgekehrt ist und insofern ist es eine Hoffnung, die ich empfinde für die Kultur, dass wir damit umgehen können, fair mit Betroffenen umzugehen in den Institutionen, die wir haben. Wir können eine Mediengesellschaft nicht verändern. Aber wir können ein Stück ein Vorbild sein, dass diejenigen, die in der nächsten Generation Entscheidungen treffen werden und die genauso wie gelegentlich Menschen in der Politik irgendwann vor Entscheidungen stehen, an denen sie nicht ausweichen können. Ich hab im Jahre 2003 irgendwann - mit einem Polizeiwagen dorthin gebracht – in der Einsatzleitleitstelle der Frankfurter Polizei gesessen, als da ein Flugzeug um unsere Hochhäuser rumfliegt. Und dann gab es irgendwann damals die Situation, dass der damalige Verteidigungsminister Peter Struck anruft und sagt, ich hab die Abfangjäger jetzt oben. Und da gibt es einen Dialog, indem die da sagen, wir müssen hier erst mal schnell klären, wer entscheidet über den Abschuss, weil, die Verfassung gibt uns, so ist Deutschland an der Stelle gebaut, bedauerlicherweise keine Hilfe. Und Peter Struck hat damals gesagt, ich befehle den Abschuss, aber nur auf Ihre Anforderung.

Damit haben wir, ja, das ist völlig korrekt, damit haben wir innerhalb von Sekunden Verfassungsrecht geschaffen. Wir wären möglicherweise beide vor irgendeinem Gericht gelandet, das weiß ich nicht. Die Entscheidung war aus meiner Sicht völlig richtig, sie ist auch so banal, dass man sie ins Gesetz schreiben könnte, das ist aber in Deutschland unüblich. Nur jeder muss wissen, wir erwarten von Menschen, dass sie, wenn sie in Verantwortung stehen, auch dafür gerade stehen. Wie wir beide das auch gemacht haben mit dem Risiko, Peter Struck hat später mal gesagt, hätte er die Entscheidung getroffen, wäre er am nächsten Tag zurückgetreten. Habe ich immer gesagt, das halte ich für tendenziell falsch, dann hätte er sie nicht treffen sollen, aber diese Fragestellung, dass es sein kann, dass wir dann trotzdem etwa einen Staatsanwalt vor uns haben, der sagt, ich ermittle gegen euch wegen vorsätzlicher Tötung. Ja und ich glaube, wer die Freiheit dieses Landes verteidigt, muss irgendwie innerlich hinkriegen, dass das sogar zu diesem Land dazu gehört. Obwohl ich das nicht von dem verlange, der unmittelbar persönlich davon betroffen ist, aber in der Gesellschaft müssen wir wissen, dass es so geht und wir in der Politik müssen trotzdem lernen, dass die Bundeswehr, dass die Armee ein Teil unseres gesellschaftlichen Lebens ist und es ein sehr komplizierter, gefährlicher Teil ist, der unerlässlich ist und deshalb die Menschen, die sich dort einlassen, einen Anspruch darauf haben, dass sie unsere Solidarität haben und ein Zweites, wir haben eine Verantwortung dafür darzustellen, dass wir mit der Sicherheit der Menschen, die uns anvertraut sind, so umgehen, dass wir das verantworten.

Das bedeutet zum Beispiel, dass wir, egal wie unsere Finanzlage ist, wenn wir Soldaten in den Kampfeinsatz schicken, und zwar egal, wie der jetzt formal genannt wird, dann müssen sie so geschützt sein, dass man das verantworten kann, und zwar nach unseren Maßstäben. Selbst wenn es Einschränkungen an anderer Stelle bedeutet. Und ich meine jetzt nicht Einschränkungen an anderer Stelle im Verteidigungsetat, sondern ich meine Einschränkungen anderer Stelle. Aber wir können nicht mit einem zu geringen Sicherheitsaufwand das machen, und zwar erstens nicht, weil es den Menschen gegenüber nicht fair ist, aber als Politiker sage ich auch zum Zweiten, weil uns anschließend die Gesellschaft, die nicht wollte, dass wir einen solchen Einsatz machen, natürlich den Hals umdreht - zu Recht, wenn wir Leute in einen Einsatz, die nicht wollten, dass sie dahin gehen, anschließend so geschickt haben, dass sie mehr gefährdet worden sind als es unbedingt notwendig war. Und insofern ist, wenn man das vernetzen will, wenn man Gesellschaft und Armee zusammenbringen will und nicht sagen will, da sind ein paar Söldner, die machen ihren Job, sondern wenn die Bevölkerung da mitleiden

"Sicherheit als gesamtgesellschaftliche Aufgabe" 59

soll - im wahrsten Sinne des Wortes - als ein Element unserer Gesellschaft, dann muss man ernst nehmen, dass man angemessen damit umgeht.

Dazu gehört dann allerdings ein Drittes. Dann müssen wir auch erklären, dass wir das, weil wir dafür Ressourcen verlangen, weil es ein Kampf ist zwischen Schule und Rente und Verteidigungshaushalt, dass wir effizient damit umgehen. Das heißt, es ist auch ein Anspruch, den die Politik derzeit nicht ausreichend befriedigt, dafür zu sorgen, dass da eine hinreichende Effizienz besteht. Denn wir werden Verteidigungspolitik nicht auf einem kleinen Bereich wie Deutschland am Ende machen und wir wollten es ja auch nicht machen. Aber wir haben ein Finanzgebaren und eine Effizienz von Verteidigung in Europa, die nicht vergleichbar ist mit dem, was die Vereinigten Staaten etwa haben. Wenn ich überlege, wie viele Menschen als einsatzfähige Kampftruppe am Ende auf dem Feld stehen und wie viel wir dahinter organisieren müssen, bevor sie das können, dann stimmt das Verhältnis in der Bundeswehr und in den europäischen Armeen insgesamt im Verhältnis zu dem der amerikanischen Streitkräfte nicht. Wenn ich mir überlege, wie viele Soldaten wir unter Waffen haben in Europa und mir vorstelle, dass die gerade mal Haiti in Ordnung bringen sollten, und überlege, mit welcher Gelassenheit zwei Flugzeugträger aufkreuzen und das in relativ kurzer Zeit in einigermaßen geordnete Bahnen geht, dann haben wir einfach ein Defizit nicht an Menschen, nicht an Intelligenz und Kreativität, sondern an Effizienz der Organisation.

Das wird man nicht zu 100 Prozent überwinden können, aber ich will nicht die alten Geschichten von wie viel Mannschaftstransportwagen wir gerade mit Entwicklungskosten und Forschungsmitteln verschiedener europäischer Länder gemeinschaftlich im Wettbewerb miteinander entwickeln aufnehmen. Aber dann gibt es eine Aufgabe, die mit Organisation, mit Entwicklung, mit Ausstattung zu tun hat, die in der Dimension der alten Bundeswehr begründet ist, dass wir das sorgsam mit den Menschen machen, dass wir aber auch dem Bürger nicht mehr Ressourcen abnehmen für diese Aufgabe, als sie in einer sachgerechten und vernünftigen Weise braucht. Und das heißt, nicht zu sagen, wir machen bestimmte Dinge nicht, aber die, die wir machen, müssen wir so machen, dass die Menschen den Eindruck haben, das ist am Ende dann auch notwendig und sinnvoll. Nur wenn man ein solches Gesamtkonzept baut, kann man nach meiner festen Überzeugung erfolgreich Verteidigungspolitik in einem demokratischen Land wie der Bundesrepublik Deutschland mit einer gesellschaftlichen Mehrheit aufstellen.

Bei dieser Mehrheit muss die Bevölkerung nicht einen einzelnen Einsatz billigen. Wir wollen hier keine, keine Volksstimmung haben - zieht in den Krieg. Ich glaube, dass Politik immer mit der Herausforderung leben sollte, eine skeptische Mehrheit zu überzeugen. Es muss entschieden werden und der, der nicht entscheidet, löst den größeren Fehler aus als der, der entscheidet. Und beim Flugzeug stellt sich dort die Frage, wollen wir, dass das ewig ein rechtsfreier Raum bleibt, indem uns das Bundesverfassungsgericht sagt, ja wir gehen auch davon aus, dass das Problem gelöst wird, da soll mal einer eine Entscheidung treffen, wir gucken uns nachher an, ob die richtig war oder aber machen wir es anders rum und sagen, wir definieren bestimmte Parameter. Und wenn sie, das ist das Problem, das wir vor dem Verfassungsgericht ja haben, die Parameter vorher definieren, definieren sie Parameter, die in der Nähe vom Töten Unschuldiger sind. Wenn sie nicht definieren, haben sie es einfacher als Gesellschaft, weil sie das nie diskutiert haben. Wenn sie in der Situation von Georg Leber, München, Olympische Spiele, das werden alle von Ihnen irgendwo kennen, sind und draußen eben die Meldung ist, wir haben einen Renegade, die Abfangjäger sind oben, wir kriegen keinen Kontakt und sie dann nicht irgendwann die beruhigende Mitteilung kriegen, das war ein Fehler auf dem Radarsender, sondern am Ende die Situation haben, dass sie sagen müssen, o.k., das ist ein ernsthafter Angriff, dann müssen sie auch entscheiden. Und meine Meinung ist, es wäre klug, eine Gesellschaft hat sich mit der Frage mal beschäftigt und eine Entscheidung getroffen, mit der sie dann leben muss.

Die Mehrheitsmeinung ist, lass uns das nicht im Augenblick, wenn ich das richtig sehe, lass uns das nicht kodifizieren, wir werden schon jemanden haben, der das am Ende verantwortlich entscheidet. Die Auswahl unserer Entscheider ist hinreichend gut, um das zu machen. Damit kann ich auch gut leben. Aber so schmal ist an sich letztlich, glaube ich, der Unterschied in dieser Frage, sodass ich jedenfalls finde, dass meine Partei, soweit ich daran beteiligt bin, nicht diejenigen sind, die jetzt sozusagen die Freiheit im Land einschränken wollen. Aber dass wir uns in einem permanenten Konflikt befinden in diesen beiden Fragen, das will ich Ihnen, das will ich Ihnen ganz ausdrücklich mit zugestehen. Und die Frage, sollen Soldaten sich mehr daran beteiligen, ist eine komplizierte und ich glaube, ich bin skeptischer als Wolfgang Ischinger. Lassen Sie uns mal nach Amerika gucken, eine Gesellschaft, die da ein bisschen gelassener ist, weil es auch viel größer in den Einheiten ist und auch im Umgang mit einer langen Tradition. Oder schauen wir nach Großbritannien. Die wesentlichen Teile der militärisch-politischen Beiträge erscheinen jeweils in den ersten drei Jahren nach Dienstende.

Also wir haben in den anderen Ländern eine sehr viel aktivere militärische Führungselite, die unmittelbar nach ihrem aktiven Dienst, befreit von der Verpflichtung der täglichen Entscheidung, nicht mehr unter der Loyalität eines besonderen Verhältnisses zu dem Dienstherrn in der politischen Führung die Meinung sagt. Das tun einige, aber in der Tat in Deutschland sehr wenige. Da haben sie die Namen auch im Kopf, die sich daran beteiligen und da, glaube ich, hat Wolfgang Ischinger Recht, wir sind denen dankbar. Nehmen Sie einen ehemaligen Inspekteur wie General Naumann, der sozusagen sehr kontinuierlich seit langer Zeit sich eine hohe Expertise in der politischen Bewertung angeeignet hat. Wenn einer dann fragt, was könnte ein Militär mal dazu sagen, fallen Ihnen zwei, drei Namen in Deutschland ein. Und in dieser Hinsicht, würde ich sagen, wäre es spannend, wenn es mehr wären, weil die Anforderungen einfach größer geworden sind. In den Zeiten der Friedensarmee haben die sich mit der Frage beschäftigt, was mache ich sozusagen mit innerer Demokratie in der Bundeswehr, die Struktur der inneren Führung und wie mache ich technologisch etwas oder wie beschäftige ich mich mit dem Katastrophenschutz.

Heute ist das eher eine Frage, was ist die Situation einer Bundeswehr im Einsatz, welche Lebensgefühle haben die Menschen dort, welche Herausforderungen sind sie, auf welche Erfahrungen sind sie getroffen, dass man authentisch nur berichten kann, wenn Soldaten selbst mitmachen. Und das gilt dann irgendwann auch für alle Lebenserfahrungsstufen, das gilt in der geopolitischen Debatte für diejenigen, die militärische Führung ausgeübt haben, aber das gilt auch für viele Soldatinnen und Soldaten mit ihrem Leben, also in meiner Konsequenz, ich möchte, dass die Familie den Nachbarn kennt, der betroffen ist, das muss man ja ein bisschen weiter ziehen, das bedeutet schon, dass diejenigen, die etwa in Afghanistan im Einsatz sind, auch in ihrer Gemeinde irgendwann mal den Finger heben und sagen, ihr Leute, ich war da, ich würde euch gerne mal eine halbe Stunde erzählen, was dort los ist.

Und natürlich geht es da auch hinaus in die Frage des aktiven Militärs, in der Frage, dass wir, glaube ich, uns alle gemeinsam bemühen, das in den Garnisonen und in den anderen Bereichen mitgelebt wird, was die Soldatinnen und Soldaten vor Ort gesehen haben und es mittransportiert wird. Je mehr es um sachliche Informationen vor der Politik geht, je mehr kann es auch die aktive Truppe machen. Je mehr es um das notwendige Ringen um politische Leitentscheidungen geht, ist dieser Krieg schon verloren oder nicht, ist der zu gewinnen, was ist zu gewinnen oder nicht in Afghanistan, ist das ein Bürgerkrieg, ein Krieg oder was immer ist das, wie ist unser Verhältnis zu den Amerikanern, sind wir sozusagen da die feigen Truppen im Hintergrund, ist das die wirkliche Lage oder sind wir akzeptierte Partner mit unserem eigenen Beitrag. Da wäre es gelegentlich hilfreich, wenn Menschen, die die Erfahrung mitbringen, darüber etwas sagen und nicht nur Politiker darüber reden, weil, unsere Glaubwürdigkeit reicht dazu nicht aus. Das mag man bedauern, aber das Schicksal teilen wir nun mal mit Versicherungsvertretern und Buchhändlern, dass an dieser Stelle die Glaubwürdigkeit nach der offiziellen Bewertung der Deutschen so gering ist.

"Sicherheit in der global vernetzten Welt."

Vor ziemlich genau sechzig Jahren, nämlich am 23. Mai 1949 und damit an einem für uns Deutsche nun wirklich sehr bedeutsamen Datum, begann eine einzigartige Erfolgsgeschichte: nämlich weit über ein halbes Jahrhundert Frieden und Wohlstand für die Menschen in Deutschland, zu mindestens im westlichen Teil.

Dass dies keine Selbstverständlichkeit darstellt, mussten die Menschen in der sogenannten Deutschen Demokratischen Republik vierzig Jahre erleben. Schließlich war es ihr Freiheitsdrang und die politische Entschlossenheit Helmut Kohls, die die Wiedervereinigung ermöglichten. Mit Bundesminister Dr. Wolfgang Schäuble, spricht heute nicht nur der amtierende Innenminister Deutschlands sondern es besucht uns heute auch einer der neben Bundeskanzler Kohl entscheidenden Akteure der damaligen Wendezeit. Als Innenminister war er 1990 auch Verhandlungsführer der Bundesrepublik für den Einigungsvertrag mit der DDR.

Denn neben dem 60. Geburtstag der Bundesrepublik fand 2009 noch ein weiteres Jubiläum statt – nämlich zwanzig Jahre friedliche Revolution in Deutschland. Am 09. November 1989 begann endgültig ein nicht mehr aufzuhaltender Prozess, welcher letztlich in die Deutsche Wiedervereinigung mündete.

Vor der Wiedervereinigung bestand der Einsatz der Bundeswehr darin, nicht eingesetzt zu werden. Heute engagieren sich unsere Soldatinnen und Soldaten, auch als Instrumentarium der bundesrepublikanischen Außen- und Sicherheitspolitik, beispielsweise in Afghanistan, im Kosovo, vor dem Libanon, im Sudan, im Kongo oder vor dem Horn von Afrika. Für die Bundeswehr ist der Auslandseinsatz heute Realität – für die breite deutsche Öffentlichkeit allerdings nicht. Binnen 18 Jahren von einer reinen Verteidigungsarmee zu Streitkräften im Einsatz. Eine gewaltige Leistung aller Beteiligten! Gerade in Zeiten einer massiven Bedrohung durch den internationalen Terrorismus muss die Politik den Menschen erklären, warum und wozu die Bundeswehr zum Beispiel in Afghanistan ist. Es darf doch nicht sein, dass regelmäßig zwei Drittel der Mitglieder des Deutschen Bundestages für ein Engagement der Bundeswehr außerhalb der Bundesrepublik votieren, gleichzeitig aber knapp zwei Drittel der Bevölkerung den Afghanistan-Einsatz ablehnen. Die deutsche Öffentlichkeit, hat ein Anrecht, zu erfahren, wann und unter welchen Bedingungen ist ein Ende des Afghanistan-Einsatzes vorstellbar ist. Weiterhin ist es notwendig, endlich das auszusprechen, was alle denken – die Bundeswehr befindet sich in Afghanistan nicht im friedensschaffenden Einsatz – nein, sie ist im Krieg. Folglich müssen wir an dieser Stelle endlich lieb gewonnene Definitionen an die Gegenwart anpassen.

Rückblickend betrachtet waren die Entscheidungen, die seit der Gründung der Bundesrepublik im Zusammenhang mit den Streitkräften standen, nicht die Beliebtesten, wohl aber die, die für die Rolle Deutschlands in Europa, in der NATO und in der Welt, die größte Bedeutung hatten. Ob die Wiederbewaffnung der Bundeswehr und die konsequente „Westeinbindung" unter Konrad Adenauer oder der NATO-Doppelbeschluss unter Helmut Schmidt.

Gerade den jungen Generationen, die glücklicherweise nur einen demokratischen und freiheitlichen Rechtsstaat auf deutschem Boden kennen, muss regelmäßig in Erinnerung gerufen werden, dass Freiheit und Demokratie keine Selbstverständlichkeit sind. Heute stehen wir vor Herausforderungen und Bedrohungen, die sich nicht nur auf Deutschland und Europa beschränken. Der internationale Terrorismus macht weder vor den Vereinigten Staaten von Amerika, noch vor der Bundesrepublik Deutschland halt. Es gab und gibt ihn in London, in New York, in Madrid und ja, auch im beschaulichen Sauerland – wir sind nicht gefeit vor den hinterhältigen Angriffen der Taliban. Deshalb müssen wir den Terrorismus dort bekämpfen, wo er nachweislich entsteht – nämlich beispielsweise in Afghanistan. Es ist die Verantwortung der Politik, dass wir die Werte, die uns einen auch gemeinsam verteidigen. Dass nicht allein Soldatinnen und Soldaten reichen, ist folgerichtig – daher brauchen wir endlich eine echte Strategie der zivil-militärischen Zusammenarbeit – wir brauchen endlich Arbeitsgruppen, die sich nicht nur auf Deutschland beschränken. Wir brauchen einen europäischen, einen globalen Ansatz, welcher auch den spezifischen Bedürfnissen der Menschen beispielsweise in Afghanistan Rechnung trägt.

"Sicherheit in der global vernetzten Welt"

**Rede anlässlich der Vortragsreihe
„Deutsche und Europäische Sicherheits- und Verteidigungspolitik"
am 02. Juni 2009 in der Universität der Bundeswehr Hamburg**

Bundesminister Dr. Wolfgang Schäuble, MdB,
Bundesminister des Innern

„Sicherheit in der global vernetzten Welt"

Sicherheit zu gewährleisten ist und bleibt eine der Kernaufgaben jedes staatlichen Gebildes. Aber die Bedingungen für die Gewährleistung von Sicherheit auf der Grundlage des staatlichen Gewaltmonopols verändern sich mit der Zeit. Mit dem Fall der Berliner Mauer und dem Ende des Kalten Krieges hat sich die bipolare Weltordnung aufgelöst. Der ewige Friede ist trotzdem nicht ausgebrochen, und er wird es wohl auch nicht, solange die Menschen so sind wie sie sind. Die Bedrohungen und Herausforderungen haben lediglich andere Formen angenommen.

Die Globalisierung hat die Welt grundlegend verändert. Wir sind in fast jeder Beziehung – wirtschaftlich, politisch – von Entwicklungen in allen Teilen der Welt abhängig, ob uns das gefällt oder nicht. Und ebenso wie wir eine zunehmend globalisierte Gesellschaft, eine globalisierte Wirtschaft haben, haben wir eine globalisierte Sicherheitslage.

Ich war vor 17 Jahren schon einmal Bundesinnenminister. Nachdem ich dieses Amt 1991 abgegeben hatte, habe ich mich dann bewusst nicht mit Innen-, sondern mit Außenpolitik beschäftigt. Jetzt bin ich zum zweiten Mal Innenminister und widme mich wieder – pflichtgemäß, aber auch mit Überzeugung – der Innenpolitik. Das Merkwürdige ist aber, dass ich seit Amtsantritt ständig Termine im Ausland wahrnehme. Wenn ich gefragt werde, was sich seit meiner ersten Amtszeit als Innenminister verändert hat, antworte ich, dass es damals erstens das Wort Internet noch nicht gab und dass zweitens inzwischen die europäische und internationale Dimension meines Amtes eine völlig andere geworden ist. Nahezu alle Aufgaben eines Innenministers, von der Migration bis zum Terrorismus, haben heute eine grenzüberschreitende Dimension.

Es ist also keine persönliche Marotte, wenn ich mich mit den internationalen Dimensionen von Sicherheit beschäftige, sondern schiere Notwendigkeit. Die engere Verflechtung und die neue Offenheit der Welt, von der wir gerade in Deutschland überwiegend profitieren, macht es notwendig, dass wir enger international zusammenarbeiten, weil wir in vieler Hinsicht nur gemeinsam Probleme lösen können. Heute sind die Schauplätze der Welt mit ihren unterschiedlichen Entwicklungsstufen viel stärker miteinander verwoben als früher: Moderne Massenkommunikation, allen voran das Internet, und weltweite Mobilität der Menschen führen zu einem permanenten Austausch und zu einer immer dichteren Vernetzung der Bevölkerung und der weltweiten Infrastruktur. Je enger die Verflechtungen werden, umso schneller und unmittelbarer wirkt sich das, was ganz woanders auf der Welt passiert, bei uns aus. Und so müssen wir auch die Sicherheit unseres Landes mit Blick auf weltweite Entwicklungen sehen und gestalten. Die globalisierte, vernetzte und mobile Welt zwingt uns geradezu – sicherheitspolitisch, aber auch darüber hinaus –, die Auflösung des Gegensatzes von innen und außen nicht nur zu reflektieren, sondern auch darauf zu reagieren.

Staatliche Souveränität kann die Sicherheitsgewährleistung schon lange nicht mehr vollständig erfüllen. Die neuen Bedrohungen, von failing states bis zu asymmetrischer Kriegsführung, gehören zu den großen sicherheitspolitischen Herausforderungen unseres Jahrhunderts. Wir haben nicht nur weltweit vielfältige Krisen und Konflikte, das Konfliktgeschehen wird zunehmend auch von Bürgerkriegen, von selbst ernannten Warlords, Guerilla-Kämpfern, regionalen und privaten Kriegsherren bestimmt. Dabei mischt sich zunehmend auch Organisierte Kriminalität und internationaler Terrorismus. Gewaltanwendung in großem Stil ist zu einer Dienstleistung geworden, für die es Märkte gibt.

Im Grunde ist das nicht neu, sondern eher ein Rückfall vor die Zeit des Westfälischen Friedens, in dessen Folge sich das staatliche Gewaltmonopol etablierte. Damals war es gelungen, den Staat als obersten Hüter von Sicherheit und Ordnung zu etablieren und die konfessionellen Bürgerkriege des 16. und 17. Jahrhunderts zu beenden. In der Folge haben sich unsere traditionellen, klassischen Bezüge entwickelt, auch die Trennung zwischen innerer und äußerer Sicherheit. Heute sind die Bedrohungen unübersichtlicher und damit schwerer berechen- und kontrollierbar. Die weltweiten Spannungen und Konflikte sind die Basis für terroristische Entwicklungen, die sich auch bei uns entladen können.

Deswegen ist es richtig, dass wir ein erweitertes Verständnis von Sicherheit entwickeln und dass wir uns um eine vernetzte Sicherheitsarchitektur bemühen. Darüber müssen wir offen und öffentlich diskutieren, weil es zur freiheitlich verfassten Demokratie gehört, dass man über solche Fragen diskutiert und die Debatte nicht durch Denkverbote zu verhindern versucht.

Es gibt unterschiedliche Gefahren, auf die wir uns einstellen müssen: Manchen Gefahren kann man nur mit polizeilichen Mitteln, anderen Gefahren nur mit militärischen Mitteln begegnen. Dass die Grenze zwischen diesen beiden Arten von Bedrohungen entlang der Landesgrenzen verlaufe, entspricht dem Denken des 19. Jahrhunderts, das schon im 20. Jahrhundert veraltet war.

Deswegen war es auch konsequent, dass der Weltsicherheitsrat am 12. September 2001 in seiner Entscheidung nach Art. 51 der Charta der Vereinten Nationen zu dem Ergebnis kam, dass die terroristischen Anschläge vom Vortag ein Angriff auf die Vereinigten Staaten von Amerika gewesen seien, obwohl die Flugzeuge im Inland und nicht im Ausland gestartet waren. Die Amerikaner selbst sprechen vom „Krieg", in dem sie sich befinden. In der Sprache unseres Grundgesetzes nennt man es „Verteidigung". Unser Grundgesetz kennt den Begriff „Krieg" nur im Sinne des Verbotes eines Angriffskrieges. Wir haben einen unterschiedlichen Sprachgebrauch, aber auch das zeigt, dass die Welt eine andere geworden ist.

Das Prinzip der Abschreckung, das in der Welt des Ost-West-Konfliktes eine gewisse Sicherheit gewährleistet hat, funktioniert angesichts der neuen Bedrohungslage nur noch eingeschränkt. Wenn aber Abschreckung keine Wirkung mehr zeigt – das gilt im Kleinen auch für Selbstmordattentäter, bei denen die präventive Wirkung von Gefängnisstrafen eher gering ist –, dann müssen wir zum Zweck der Gefahrenabwehr stärker auf Prävention setzen. Prävention setzt vor allem Information voraus. Im Grunde ist das in der Kriminalgeschichte nicht neu, dass man Gefahren und Angriffe nur abwehren kann, wenn man davon Kenntnis hat, bevor sich die Bedrohung verwirklicht. Deshalb ist es auch nicht neu, dass Gefahrenabwehrbehörden – unter gesetzlich zu definierenden Voraussetzungen und Begrenzungen – in grundrechtlich geschützte Kommunikation Zugang finden müssen, um ihre Aufgabe erfüllen zu können.

In diesen Kontext gehört die Diskussion um die Online-Durchsuchung. Welche polizeilichen Rechtsinstrumente notwendig sind, ergibt sich daraus, wie potenzielle Kriminelle miteinander kommunizieren. Früher hat man Boten, Brieftauben oder Funksprüche abgefangen. Später brauchten wir eine Rechtsgrundlage für Telekommunikationsüberwachung, und wir haben sie für bestimmte, gesetzlich geregelte Fälle geschaffen. Heute gibt es neue Informations- und Kommunikationstechnologie. Und da sie von Kriminellen für die Vorbereitung schwerster Straftaten genutzt werden, brauchen wir auch hier die Möglichkeit, in gesetzlich geregelten Fällen zur Verhinderung schwerster Straftaten dort einzudringen. Deswegen haben wir im BKA-Gesetz – unter Festschreibung enger Voraussetzungen – die Online-Durchsuchung geregelt, die die Vorgängerregierung ohne gesetzliche Grundlage einfach durchgeführt hatte. Es hätte eigentlich niemanden überraschen dürfen, dass das Bundeskriminalamt, dem der Verfassungsgesetzgeber 2006 die polizeiliche Befugnis zur Abwehr von Gefahren aus dem internationalen Terrorismus übertragen hat, auch die gesetzlichen Instrumente erhalten muss, um diese neue Aufgabe zu erfüllen.

Weil wir auf frühzeitige Informationen angewiesen sind, um Anschläge zu verhindern, brauchen wir auch leistungsfähige Nachrichtendienste, die international vernetzt sind. Die Leistungsfähigkeit unseres Bundesnachrichtendienstes ist die Voraussetzung dafür, dass der Bundesverteidigungsminister, der Bundesinnenminister, die Mitglieder des Bundestages und der Bundesregierung die Verantwortung für den Einsatz in Afghanistan überhaupt tragen können. Es gehört zum Wesen von Nachrichtendiensten, dass sie vertrauliche arbeiten. Ein Übermaß an Öffentlichkeit, wie es bisweilen verlangt wird, ist damit schwer vereinbar. Nachrichtendienste müssen die Vertraulichkeit der Informationen gewährleisten, wenn sie nicht von lebenswichtigen Informationen etwa ausländischer Partnerdienste abgeschnitten werden wollen.

Wir brauchen den Informationsaustausch nicht nur im Hinblick auf terroristische Bedrohungen, sondern auch für die alltägliche Sicherheitsgewähr in einer globalisierten Welt. Wir leben heute in einem Europa offener Grenzen. Das gehört zu den großen Freiheitsgewinnen, die wir durch die europäische Integration errungen haben. Dieser Gewinn an Freiheit darf aber nicht zu einem Verlust an Sicherheit führen. Daher setzt die Öffnung der Grenzen voraus, dass wir die notwendigen Informationen, die wir für früher für die Grenzkontrollen brauchten, heute europaweit austauschen. Das muss auf einem hohen datenschutzrechtlichen Niveau sichergestellt sein. Sonst wäre die Politik von Grenzöffnung und weniger Kontrollen nicht zu verantworten.

Dieser Ansatz muss auch im Verhältnis zu unseren amerikanischen Verbündeten gelten. Auch im transatlantischen Raum brauchen wir Sicherheit. Wir haben uns viel Mühe gegeben, um ein Abkommen über den Austausch von Fluggastdaten zwischen den Vereinigten Staaten von Amerika und der Europäischen Union abzustimmen. Das ist notwendig, damit wir trotz wachsender weltweiter Mobilität und immer weniger Kontrollen ein hinreichendes Maß an Sicherheit gewährleisten können. Die Alternative wären zeitaufwendige, belastende Einzelkontrollen, die auch niemand möchte. Der Informationsaustausch ist also nicht der Datensammelwut einzelner Behörden geschuldet, sondern der Verantwortung für die Menschen.

Globalisierung und offene Grenzen bedeuten, dass wir gemeinsam und integriert handeln müssen. Wir sind auf multilaterale Entscheidungen angewiesen. Auch im Hinblick auf öffentliche Wahrnehmung und öffentliche Akzeptanz tragen unilaterale Entscheidungen nicht mehr weit. Wer aber multilaterale Entscheidungen will, muss auch bereit sein, sich multilateral zu engagieren. Es geht nicht, dass wir multilateral diskutieren, was die Vereinigten Staaten unilateral ausführen sollen. Die Bereitschaft zum gemeinsamen Engagement ist Voraussetzung dafür, dass der Weg in Richtung mehr Integration und multilateralen Entscheidungsstrukturen gelingt.

Das gilt im militärischen Bereich. Es gilt aber auch in rechtlichen bis hin zu völkerrechtlichen Fragen. Auch dort stimmen die alten Kategorisierungen mit den neuen Bedrohungen nicht mehr wirklich überein. Wer Denkverbote aufstellt, läuft Gefahr, dass in Grauzonen gehandelt wird. Ich halte nichts von Grauzonen. Deswegen plädiere ich dafür, dass wir uns der Mühe unterziehen, in demokratischer Offenheit streitige Debatten zu führen. Es geht nicht anders, wenn wir unsere Verantwortung ernst nehmen.

Wenn wir multilaterale Entscheidungen und multilaterales Engagement wollen, bedeutet das auch, dass wir uns stärker im Ausland engagieren – durch humanitäre Einsätze, aber auch durch militärische und polizeiliche Interventionen, um ein Mindestmaß an Sicherheit zu gewährleisten als Grundvoraussetzung für Stabilität und gesellschaftlichen Aufbau. Wie etwa in Afghanistan, wo Bundeswehr und Polizei eng zusammenarbeiten: Die Bundeswehr sorgt für die notwendige Sicherheit, mit der Ausbildung von Polizisten bringen wir den Aufbau des Landes voran. Wir wollen hier wie in anderen Krisengebieten im Interesse der Menschen, aber auch in unserem ureigenen Interesse, Strukturen einer Polizei schaffen, die in der Lage ist, für Sicherheit und Ordnung zu sorgen und mit anderen internationalen Rechtsstaatsorganisationen zusammenzuarbeiten.

Das ist die Voraussetzung dafür, dass wir mehr Sicherheit und damit auch Freiheit für die Menschen vor Ort erreichen. Freiheit und Sicherheit bedingen sich. Wie Alexander von Humboldt gesagt hat: keine Freiheit ohne Sicherheit. Beides zusammen ist die Basis für ein funktionierendes gesellschaftliches Zusammenleben. Sie sind die Voraussetzung dafür, dass alles Weitere – eine zivile Infrastruktur, Handel, Schulen – sich gedeihlich entwickeln kann.
Solche Prozesse brauchen ihre Zeit, sie sind langfristig zu sehen. Letztlich geht es darum, die Menschen von unseren Werten einer freien Gesellschaft zu überzeugen. Nur so können wir Krisenregionen auf Dauer stabilisieren. Dabei spielen übrigens die Medien eine nicht zu unterschätzende Rolle.

Aber es zeigt sich überall, dass die wirtschaftliche, die politische und die Sicherheitslage voneinander abhängen, und Sicherheit eine notwendige Voraussetzung für die weitere Entwicklung ist. Deswegen brauchen wir zivile und militärische Instrumente. Nur zusammen können wir den nachhaltigen Wiederaufbau und Stabilität eines Landes erreichen. Deswegen sind wir in Afghanistan richtig aufgestellt: Unser starker militärischer Einsatz durch die Bundeswehr bleibt notwendig, und er gewährleistet, dass wir uns beim dringend notwendigen Polizeiaufbau engagieren können.

In den letzten Monaten hat ein weiteres Thema Bundeswehr und Polizei beschäftigt: die Piraterie. Betroffen sind vor allem die Seeregionen, in denen die Küstenstaaten nicht den Willen oder die Mittel besitzen, gegen diese Form der Kriminalität vorzugehen. Dazu gehören Teile der Küstengewässer Südostasiens, Westafrikas, Südamerikas, der Karibik und natürlich Somalia. Ob und wie die Piraterie mit dem internationalen Terrorismus vernetzt ist, ob Piraterie Terroristen als Einnahmequelle dient oder ob es eine konkrete Zusammenarbeit oder Abhängigkeiten gibt, können wir bisher nicht sicher sagen. Die Piraterie ist so oder so aber eine ernste Bedrohung für die internationale Seeschifffahrt, für den Welthandel und damit für die Funktionsfähigkeit unserer globalisierten Wirtschaft.

„Sicherheit in der global vernetzten Welt" 71

Deutschland ist als Exportnation unmittelbar betroffen: 20 Prozent des deutschen Außenhandels werden über den Seetransport abgewickelt. Deutsche Reeder kontrollieren die größte Containerflotte der Welt. Sichere Seewege sind für unser Land unverzichtbar. Deswegen beteiligt sich die Bundeswehr an der europäischen Mission auf der Grundlage des Mandats ATALANTA am Horn von Afrika.

Unser Land schützt seine Bürger und wird das auch in Zukunft tun. Es gibt immer wieder Entführungsfälle, und auch Deutsche sind schon in die Hände skrupelloser Geiselnehmer gefallen. Die zuständigen Ressorts – Verteidigungsministerium, Auswärtiges Amt, Justiz- und Innenministerium – haben sich zuletzt bei der Entführung der Hansa Stavanger durch somalische Piraten am 4. April 2009 damit beschäftigen müssen. Der zunächst geplante Einsatz der GSG 9 ist letztlich nicht erfolgt. Bundeswehr und Bundespolizei verfügen nicht über die für einen solchen Einsatz nötigen Transportmittel. Bei einem Einsatz gegen Piraten müssen die Einsatzmittel, insbesondere Hubschrauber, schnell an den Einsatzort gebracht werden. Weder die Bundeswehr noch die Bundespolizei haben aber eine Antonov oder einen Hubschrauberträger. Darum waren wir auf die Hilfe der US-Navy angewiesen. Andere europäische Staaten wie Frankreich, Italien und selbst die Niederlande sind besser ausgerüstet. Wir werden die Konsequenzen hieraus ziehen müssen.

So sind wir gehalten, permanent auf eine sich wandelnde Gefahrenlage zu reagieren, uns bestmöglich darauf einzustellen und handlungsfähig zu bleiben. Das gilt für die technische Ausstattung ebenso wie für rechtliche Grundlagen. Beides anzupassen wird eine immerwährende Aufgabe bleiben.

In diesen Kontext gehört notwendigerweise auch ein viel debattiertes verfassungsrechtliches Thema: die Verantwortungsteilung zwischen Polizei und Streitkräften. Im Fall der Pirateriebekämpfung ist daran zu erinnern, dass die Befreiung eines gekaperten Schiffes Aufgabe der Bundespolizei ist. Die Bundeswehr ist außerhalb europäischer oder internationaler Mandate dazu jedenfalls nicht zweifelsfrei befugt. So zeigt auch die Diskussion über die Piratenbekämpfung und über die Bedrohungen aus dem internationalen Terrorismus im Kern, dass der Unterschied zwischen militärischen und polizeilichen Instrumenten eine Frage der Qualität der Bedrohung und der notwendigen Abwehr ist, und eben nicht der Landesgrenze. Also müssen wir auch die Frage stellen, ob es nicht möglich sein sollte, die Bundeswehr unter bestimmten Voraussetzungen, die diskutiert und sorgfältig definiert werden müssen, auch im eigenen Land zu Schutzzwecken einzusetzen. Es macht auf Dauer keinen Sinn, dass die Bundeswehr überall auf der Welt vielfältige Aufgaben wahrnehmen kann, nur nicht in dem Land, in dem das Grundgesetz gilt – eine Aufgabentrennung, mit der die deutsche Verfassungslage nahezu ein Unikat unter den westlichen Demokratien ist.

Die Abwehr terroristischer Angriffe im Inland ist grundsätzlich Aufgabe der für die Gefahrenabwehr zuständigen Polizeikräfte der Länder. Die Entwicklung hat aber gezeigt, dass die Polizei in bestimmten Situationen mit den ihr zur Verfügung stehenden Mitteln die Gefahren nicht bewältigen kann. Der Anschlag auf das World Trade Center ist nur eins von vielen vorstellbaren Szenarien für einen Angriff auf die Zivilbevölkerung mit der Intention massenhafter Tötung. Solchen Situationen, mit denen der Gesetzgeber der bisherigen Wehrverfassung nur im klassischen Verteidigungsfall gerechnet hat, mit denen er ansonsten auch nicht rechnen konnte, lassen sich auf der Grundlage der herrschenden Interpretation von Artikel 87 a Grundgesetz nicht zuverlässig begegnen.

Nun gibt es die Auffassung, dass der Rechtsstaat im Zweifel darf, was er zum Schutz seiner Bürger tun muss. Das ist für mein Verfassungsverständnis erstens ein bisschen weitgehend und zweitens – zumal nach dem Urteil des Bundesverfassungsgerichts zum Luftsicherheitsgesetz – nicht so einfach, auch und insbesondere im Hinblick auf die im Ernstfall erforderliche Befehlskette.

In unserem Koalitionsvertrag mit der SPD gab es hierzu die Verabredung, dass aus dem Urteil des Bundesverfassungsgerichts zum Luftsicherheitsgesetz gegebenenfalls die notwendigen Konsequenzen gezogen werden müssen. Es kann nicht sein, dass Gefahren, die nur mit militärischen Mitteln abzuwehren sind, deswegen nicht abgewehrt werden können, weil nicht zweifelsfrei feststeht, dass der Angriff von außen kommt, und das ist leider immer noch die herrschende Interpretation von Artikel 87 a Grundgesetz.

Ich habe diese Diskussion nicht des Streitens willen angestoßen, sondern weil ich es für unverantwortlich halte, diese Schieflage nicht zu lösen. Ich habe das schon früher getan. Als ich Chef des Bundeskanzleramtes war, hatten wir 1985 einen Wirtschaftsgipfel im Bonner Kanzleramt vorzubereiten. Da waren die Rahmenbedingungen weniger dramatisch als heute, aber

Bedrohungen aus der Luft haben mich schon damals beschäftigt. Ich habe die versammelten Staatssekretäre schließlich gefragt: „Was machen wir gegen eine Bedrohung aus der Luft durch ein bemanntes oder unbemanntes Flugobjekt?" Einer der Staatssekretäre erwiderte: „Wir sperren den Luftraum." Auf meine Frage, wie man das macht, ergänzte er: „Mit einer Rechtsverordnung." Ich fragte weiter: „Was ist, wenn jemand dagegen verstößt?" und bekam zur Antwort: „Der kriegt ein Bußgeld."

Um es kurz zu machen: Die Polizei kann es nicht und die Bundeswehr darf es nicht. Es hilft nur beten. Damals hat es geholfen. Mein Verständnis als Protestant ist allerdings, dass man sich nicht zu oft aufs Beten verlassen darf, solange man als politisch Verantwortlicher selbst etwas tun kann. Das gilt für die Abwehr von Gefahren aus der Luft ebenso wie für die Abwehr von Gefahren zur See.

An anderen Stellen sind wir in dieser Koalition vorangekommen: Wir stehen in dieser Wahlperiode beispielsweise davor, das Gesetzgebungsverfahren zur Strafbarkeit der Vorbereitung von Terroranschlägen abzuschließen. Das ist ein wichtiger Schritt. Viele Islamisten, die in Deutschland aufgewachsen sind, werden mittlerweile in terroristischen Ausbildungslagern im afghanisch-pakistanischen Grenzgebiet geschult. Solche Ausbildungslager sind darauf ausgerichtet, identitätsstiftend zu wirken. Wer sich in einem solchen Lager aufgehalten hat, ist in die terroristischen Strukturen eingebunden. Dort ausgebildet und vernetzt, sind die Teilnehmer prädestiniert, um in ihren Heimatländern terroristische Aktivitäten zu unterstützen und Anschläge vorzubereiten. Daher sind terroristische Ausbildungslager eine reale Gefahr für die Sicherheit in Deutschland, und ganz besonders der Besuch solcher Lager von Deutschen oder Ausländern mit Bezug zu Deutschland. Deshalb ist es gut, wenn bald ein entsprechendes Gesetz, das den Aufenthalt in einem terroristischen Ausbildungslager unter Strafe stellen soll, im Bundestag und Bundesrat verabschiedet wird. Die Abschreckung durch Strafdrohung hilft bei Selbstmordattentätern jedenfalls wenig. Laut der Strafgesetzordnung wird ein Ermittlungsverfahren eingestellt, wenn der Tatverdächtige tot ist. Also muss man vorher aktiv werden. Ich halte es auch für eine zumutbare Einschränkung individueller Freiheitsrechte, den Besuch solcher Ausbildungslager zu sanktionieren.

Wir brauchen klare, einwandfreie rechtliche Grundlagen, um terroristische Anschläge möglichst zu verhindern. Letztlich brauchen wir aber einen noch umfassenderen Ansatz. Dazu gehört, dass wir alle Menschen, auch die Muslime, von den Werten einer freiheitlichen Gesellschaft überzeugen. Wir müssen die Muslime für den Kampf gegen den Terrorismus gewinnen. Der Kampf gegen einen Missbrauch des Islam ist vor allem auch Aufgabe der Muslime selbst. Die gemäßigten Muslime müssen die radikalen Fundamentalisten in ihren Reihen isolieren.

Das müssen wir von den Muslimen einfordern, die bei uns in den westlichen Demokratien leben – uns zugleich aber davor hüten, die große Mehrheit der Muslime in Deutschland und Europa als verdächtige Bevölkerungsgruppen zu diskriminieren. Denn auch das ist eine wichtige Aufgabe in unserer globalisierten Welt: dass die zunehmend heterogenen Gesellschaften nicht auseinanderdriften, sondern ein Gefühl der Zugehörigkeit und Zusammengehörigkeit erhalten bleibt. Diesem Ziel dient auch die Deutsche Islam Konferenz, die ich ins Leben gerufen habe.

Auch Integrationspolitik hat einen Bezug zur Prävention unter dem Gesichtspunkt der Stabilität und des inneren Friedens unserer Gesellschaft. Freiheitlich verfasste Gesellschaften leben vom Grundgedanken der Toleranz und Offenheit und auch von der Erkenntnis, dass Verschiedenheit nicht Bedrohung ist, sondern Bereicherung. Dafür brauchen wir einen Grundkonsens über gemeinsame Werte wie auch ein Gefühl der Zugehörigkeit als Voraussetzung für ein Miteinander. Das ist das Ziel von Integration.

Für jemanden, der sich amtlich aber auch sonst Gedanken macht, wie unsere demokratische rechtsstaatliche Ordnung zukunftsfähig bleibt, geht es auch darum, die Menschen einzubinden und zur Beteiligung anzuregen. Denn eine Demokratie ohne Demokraten ist eine labile Sache, wie wir aus der deutschen Geschichte wissen. Aber auch und gerade die Demokratie braucht Führung. Führung und Demokratie sind keine Gegensätze. Es ist Aufgabe von Parlament und Regierung, Führungsverantwortung wahrzunehmen. Das bedeutet, dass Regierung- und Parlamentsentscheidungen nicht durch Meinungsumfragen ersetzt werden können. Die Demoskopie ist eine Entscheidungshilfe, aber sie ersetzt nicht politische Führungsverantwortung. Und politische Führungsverantwortung in der Demokratie heißt nicht überfallartig entscheiden, sondern Debatte und Diskussion.

„Sicherheit in der global vernetzten Welt"

Die Menschen in unserem Land fühlen sich sicher nach innen und nach außen. Das ist ein hohes Gut. Das verdanken wir der Arbeit und der Zuverlässigkeit all derjenigen, die tagtäglich für Sicherheit sorgen und hierfür bereit stehen, die äußerstenfalls gar ihr Leben riskieren. Dieser Einsatz für unser Land und für die Menschen in unserem Land erhält oft nicht das Maß an Anerkennung, das dafür angemessen ist. Wir verdanken die Stabilität und Sicherheit, in der wir leben, auch unserem Grundgesetz, dessen Jubiläum wir in diesem Jahr feiern. Unsere Verantwortung besteht darin, alles zu tun, damit wir auch in Zukunft ein sicheres Land bleiben und sich die Menschen sicher fühlen. Für den Beitrag, den Sie hierzu leisten, möchte ich Ihnen persönlich danken. Aufgabe von Parlament und Regierung ist es, die notwendigen Grundlagen dafür zu schaffen und in einer sich wandelnden Welt zu erhalten.

"Globale Risiken - grüne Antworten."

Die Helmut-Schmidt-Universität/Universität der Bundeswehr Hamburg ist eine akademische Einrichtung mit dem Anspruch auf Offenheit nach innen und außen. Folglich bildet gerade der Diskurs mit abweichenden Positionen das wissenschaftliche Selbstverständnis aber auch und ganz besonders das Selbstverständnis eines deutschen Offiziers ab. Die inhaltliche Auseinandersetzung mit unterschiedlichen Auffassungen, innerhalb aber vor allem außerhalb von Lehrveranstaltungen, war die Intention Helmut Schmidts, als er 1973 die Universitäten der Bundeswehr gründete. Heute ist man über alle Parteigrenzen hinweg der Auffassung, dass diese weltweit einzigartigen Bildungseinrichtungen eine Bereicherung für unsere Bundeswehr darstellen. In einer Demokratie ist, wie der ehemalige Bundespräsident Horst Köhler ganz richtig sagte, der Respekt vor der Meinung des Anderen integraler Bestandteil. Die Fähigkeit andere Meinungen zu respektieren und sich mit ihnen wissenschaftlich und persönlich auseinanderzusetzen, ist ferner die Idee von Universität.

Es ist auch ein Zeichen des verantwortungsvollen Selbstverständnisses des Offiziernachwuchses der Bundeswehr, dass wir uns mit der genannten Vortragsreihe an der aktuellen Debatte über den Einsatz deutscher Soldaten in Europa und in der Welt beteiligen. Weiterhin ist es notwendig, der politischen Führung der Streitkräfte deutlich zu machen, dass wir eine konkrete inhaltliche Position zu den Einsätzen der Bundeswehr haben. Mittlerweile stellen sie nämlich kein banales Engagement mehr dar. Oft handelt es sich heute um eine bewaffnete, eine kriegerische Auseinandersetzung – gerade und ganz besonders in Afghanistan. Folglich gehört es dann auch dazu, endlich das auszusprechen, was alle denken – die Bundeswehr befindet sich in Afghanistan nicht im friedensschaffenden Einsatz – nein, sie ist im Krieg. Die Soldaten verletzen sich auch nicht – nein, sie werden verwundet. Die Soldaten sterben auch nicht – nein, sie fallen.

Um so wichtiger ist es, endlich der Sicherheits- und Verteidigungspolitik den Stellenwert einzuräumen, der ihr gebührt. In allen Politikfeldern – egal ob in Haushalt, Finanzen, Umwelt oder Familie gibt es Experten – außer im Feld der Sicherheits- und Verteidigungspolitik. Jedenfalls kennen die Herausgeber bislang noch keinen Politiker, welcher in der Lage wäre, der deutschen Öffentlichkeit, den Sinn und Zweck des Afghanistan-Einsatzes plausibel zu ma-

chen. Und zwar endlich so plausibel zu machen, dass sich auch die Bevölkerung mit der gleichen Mehrheit wie die Abgeordneten des Deutschen Bundestages zu den Soldatinnen und Soldaten der Bundeswehr bekennt. Die „Retortenstatements" von Stabilität und friedlicher Entwicklung sind jedenfalls keine genügenden Antworten auf die globalen Fragen der Zeit. Wir brauchen endlich eine echte Strategie der zivil-militärischen Zusammenarbeit – wir brauchen endlich Arbeitsgruppen, die sich nicht nur auf ein Bundesministerium, die sich nicht nur auf Deutschland beschränken. Wir brauchen einen europäischen, einen globalen Ansatz, welcher auch den spezifischen Bedürfnissen der Menschen in Afghanistan Rechnung trägt.

„Globale Risiken – grüne Antworten"

Rede anlässlich der Vortragsreihe
„Deutsche und Europäische Sicherheits- und Verteidigungspolitik"
am 29. Oktober 2008 in der Universität der Bundeswehr Hamburg

Bundesminister a. D. Jürgen Trittin, MdB,
stellvertretender Vorsitzender der Bundestagsfraktion Bündnis 90/Die Grünen

„Globale Risiken - grüne Antworten. Außen- und Sicherheits-politik aus grüner Sicht."

Lieber Herr Quandt, lieber Herr Zeidler, meine Damen und Herren, ich danke für die Einladung, ich weiß nicht, ob ich die Erwartung, so fürchterlich Abweichendes zu sagen, so richtig erfüllen kann. Sie haben in meiner Biografie einen Punkt mindestens - neben vielen - übersprungen. Im Kabinett Schröder war ich, obwohl anerkannter Kriegsdienstverweigerer, der Einzige, der jemals die Bundeswehr von innen gesehen hat. Gedient hatte noch ein weiterer Kollege, der Kollege Stolpe, aber der war beim Feind. Und wir durften das so nicht sagen, aber das zeigt, wie sich die Dinge geändert haben.

Wenn man über grüne Politik und grüne Friedenspolitik spricht, da muss man sich darüber Gedanken machen, was sind eigentlich die Ziele. Die werden viele von Ihnen nicht überraschen, grüne Politik ist sehr stark orientiert an Menschenrechten, an internationaler Solidarität, am Grundsatz der Gewaltfreiheit, der Stärkung des internationalen Rechts, ein Primat für die zivile Krisenprävention und selbstverständlich auch am Grundsatz der Nachhaltigkeit. Das hat Grünen den Hinweis eingebracht, sie seien pazifistisch. Das stimmte unter bestimmten Bedingungen, nämlich unter den Bestimmungen der Blockkonfrontation, aber ehrlich gesagt, wer war da nicht Pazifist. Denn die Drohung auf Gewalt beruhte eigentlich darauf, diese möglichst zu vermeiden. Aber dies verweist auf etwas, dass man sich doch ein bisschen mit den Bedingungen auseinandersetzen muss, unter denen solche Ziele, für die ich übrigens keinen Alleinvertretungsanspruch erhebe, ich respektiere, dass andere Parteien nicht wesentlich weit in manchen Punkten davon entfernt sind, unter welchen Bedingungen sich das vollzieht. Und diese Bedingungen sind heute andere als zu Zeiten des Nuklearpazifismus. Wir haben es eben zu tun mit dem Ende der Blockkonfrontation, dem Ende der Bipolarität und mit der Chance, die damals übrigens nachvollziehbar gewesen ist, einer echten Abrüstung. Wir haben einen Rückgang von Waffen und schweren Waffen, wir haben die Militärausgaben, die zeitweilig gesunken sind, die Zahl der nuklearen Sprengköpfe, die absurde Höhen erreicht hatte, ist damals zurückgegangen.

Aber es gibt ein zweites, wenn wir nur über die Bipolarität reden, ist ein neues Phänomen aufgetreten, was wir gerne auf den 11. September 2001 terminieren. Wir wissen, dass das nicht der Anfang und auch leider nicht das Ende einer Entwicklung des Terrorismus ist. Aber interessant ist für unsere Betrachtung heute hier, was die Reaktion der Weltgemeinschaft auf diese Herausforderung war. Und hier haben wir es mit einem neuen Phänomen zu tun, was zwar vorher diskutiert wurde, aber bis dahin hatte man Krieg als Auseinandersetzung zwischen Staaten im völkerrechtlichen Sinne definiert. Man kannte Bürgerkriege, aber zum ersten Mal anerkannte der Sicherheitsrat nach dem 11. September, dass auch nichtstaatliche Gewalt kriegerischen Charakter annehmen kann und das Recht auf Selbstverteidigung begründet. Das ist die völkerrechtliche Grundlage bis heute für die Operation Enduring Freedom. Dieses hat dann, das muss man an der Stelle auch sagen, auch zu Überziehungen geführt.

Der Krieg gegen den Terror hat im Irak einen Bürgerkrieg ausgelöst, er ging einher mit einer massiven Verletzung von eigenen, unseren eigenen, Werten, bestimmten Standards, beispielsweise der Aufweichung des Folterverbots, er hat zu einer Destabilisierung des Nahen Ostens geführt, er hat, das ist eines der witzigen oder weniger witzigen, gefährlichen Ergebnisse, den Iran gestärkt und er hat belegt, dass wir zwar mit den USA eine übermächtige Militärmacht haben, die aber nicht in der Lage ist, hier tatsächlich wirklichem Frieden schaffen zu können. Das hat für uns Konsequenzen. Ich plädiere, glaube ich, in einem sehr breiten Konsens mit fast allen Parteien des Deutschen Bundestags, dass sich eine deutsche Außenpolitik und damit auch eine deutsche Sicherheitspolitik nach dem Ende der Blockkonfrontation, nach dem Scheitern des Unilateralismus europäisch einzubinden haben und dass sie eben multilateral im Geflecht der Vereinten Nationen stattfinden soll.

Da gibt es ein multilaterales Projekt, an das wir alle gewohnt sind, in das wir alle eingebunden sind und das feiert im nächsten Jahr seinen 60. Geburtstag. Das ist die NATO. Die NATO steckt, ohne dass irgendwelche bösen Geister dran gedreht haben, in einer Krise. Ihr Feind aus der Zeit der Blockkonfrontation ist weg, sie ist aber nach wie vor ein Garant für die Sicherheit hier in Europa. Manche diskutieren sie als neue Allianz der Demokratien, aber das droht sehr schnell zu einer Konfrontation mit wichtigen Schwellenländern zu werden. Auf der anderen

"Globale Risiken – grüne Antworten" 81

Seite stellen wir fest, dass für Einsätze wie den in Afghanistan die NATO heute alternativlos ist. Es gibt militärisch keine Organisation auf der Welt, die dieses leisten könnte als die NATO. Und gleichzeitig erfahren wir, dass da eines der Konsequenzen, die wir im Zusammenhang mit dem Krieg zwischen dem Libanon und Israel erlebt haben, dass die NATO, weil US-dominiert, für solche Stabilisierungsansätze tatsächliche Akzeptanzprobleme hat. Und die Frage, vor der diese Organisation steht, ist in der Tat die Frage, soll sie eigentlich oder wie kann sie Teil einer entsprechenden kooperativen Weltlage werden.

Diese Weltlage ist geprägt von neuen Kriegen, neuen Formen von Kriegen, im Wesentlichen Bürgerkriegen, entstaatlichte Gewalt. Wenn Sie sich anschauen, was in diesen Tagen im Osten Kongos, im Grenzgebiet Burundi - Uganda dort passiert, und sie ist geprägt von dem Einsatz terroristischer Mittel, sie ist geprägt durchgehend von asymmetrischen Konfliktlagen, die sich dadurch auszeichnen, dass übermächtig Starke gegen eher Schwache mit sehr ungleichen Strategien in Auseinandersetzung geraten. Das sind die sozusagen Herausforderungen und manifeste Gefahren, der sich die Sicherheit ausgesetzt sieht. Ich möchte trotzdem noch mal einen Schritt zurückgehen, bevor ich mich mit den manifesten Gefahren und den Konflikten an dieser Stelle befasse, sondern einen Blick auf die Risiken werfen, die solche manifesten Gefahren hervorrufen.

In meinen Augen kann man dort vier identifizieren, nämlich den Klimawandel, die Rohstoffkrise, eine Politik der Aufrüstung und die Ausgrenzung, man könnte etwas verkürzt auch statt Ausgrenzung Armut sagen. Das Gemeinsame ist, dass aus dem Zusammenwirken dieser Risiken die manifesten Gefahren entstehen, das Gemeinsame ist, dass alle diese Risiken global wirken. Es gibt keines, was man irgendjemand im Alleingang bewältigen kann und das ist das ganz Gemeine, sie hängen zusammen, teilweise bestärken sie sich in extremer Art und Weise. Deswegen bedarf es in der Tat eines kooperativen Multilateralismus. Ich gehe jetzt im Schnelldurchgang durch. Es ist klar, ich glaube, wir alle sind uns heute einig, dass wir ohne ein Begehren des Klimawandels diesen Dingen nicht entgegenwirken können. Wir haben übrigens heute schon in diesem Bereich klimatisch bedingt mehr Umwelt- als Kriegsflüchtlinge. Wir müssen also die globale Temperatur auf 2 Grad begrenzen. Das heißt für uns Industrieländer übrigens eine Reduktion von 80 Prozent bis zur Mitte des nächsten Jahrhunderts. Das kostet Geld, aber Sir Nicholas Stern hat uns ja ausgerechnet, dass wir, wenn wir nichts machen, uns dies das 5- bis 20-Fache kosten wird und was passieren kann, wenn man globalen

Krisen nicht rechtzeitig entgegensteuert. Wie teuer das werden kann, erleben wir diese Tage im Zusammenhang mit der Finanzkrise. Rohstoffkrise, das wird immer gerne festgemacht am Öl, ich glaube, dass wir uns die Diskussion darüber sparen können, ob das wirklich physisch zu Ende geht, also die Diskussion von Peak Oil, das muss man weiterführen.

Entscheidender ist etwas anderes. Wir stellen fest, dass, was Rohstoffe angeht, die Nachfrage anhaltend schneller steigt als das Angebot und das heißt, langfristig streiken die Preise und was uns ärgert, das kann zur Existenzbedrohung für ganze Nationen werden. Sie müssen sich klarmachen, dass zum Beispiel Subsahara-Afrika für Erdölimporte im letzten Jahr 70 Milliarden US-Dollar aufwenden musste. Das ist erheblich mehr als insgesamt global an Entwicklungshilfe geleistet wurde. In dem Zusammenhang verweisen die Menschen auch gerne auf China. Ich muss sagen, ich habe deshalb die Weltkarte mitgenommen, sie ist nicht proportional zur Fläche, sie ist proportional zum Ölverbrauch, und da sehen Sie, dass es nach wie vor so ist, dass 15 Prozent dieses Globusses die Einwohner der Industriestaaten für sich beanspruchen, 56 Prozent des Öls, 60 Prozent des Gases und fast 50 Prozent anderer sehr beschränkter Ressourcen. Und jetzt sage ich eins, da ist noch nicht mal eingerechnet, alles was von, für uns und von uns in China produziert wird. Die Staaten wie Brasilien, Russland, Indien, China, Südafrika, also jene neuen Akteure im Weltgeschehen, manche nennen sie auch kontinentale Entwicklungsländer, weil sie sich sehr schnell entwickeln.

Diese Staaten tragen aber natürlich im vermehrten Maße dazu bei, dass die Nachfrage steigt. China ist heute für 25 Prozent der Metallnachfrage verantwortlich und es wird in etlichen Jahren, heute noch 60 Prozent seines Öls selbst exportierend, im Jahre 2020 selbst Öl importieren müssen. Und wir erleben, wie sich China im Sudan und anderswo durchaus einer griffigen - sage ich mal - Rohstoffpolitik befleißigt. Dass wir mit der Atomenergie mit einem Anteil von 2,5 Prozent an der Endenergie, die die Welt verbraucht, da keinen guten Ausweg haben werden, wird Sie bei einem Grünen nicht überraschen, führt aber zu einem Problem, auf das wir noch zu sprechen kommen werden, nämlich zu der Frage der Proliferation und dem Umstand, dass es eben keine chinesische Mauer gibt zwischen der zivilen Nutzung der Atomenergie und der kriegerischen Nutzung. Es bleibt für uns aber aus der Rohstoffkrise nur ein Weg, wir müssen weg vom Öl und das geht halt durch Effizienzstrategien, durch den Ausbau erneuerbarer Energien und gelegentlich durch einfaches Energiesparen. Aufrüstung, nukleare Aufrüstung - wir wissen, dass fast alle atomwaffenbesitzenden Staaten, die da eben rot angemalt

"Globale Risiken – grüne Antworten" 83

waren, ihre Potenziale modernisieren. Indien und Pakistan, Pakistan - ein Staat, der in einem Prozess, man kann glaube ich sagen, heute des Zerfalls ist, besitzt diese Atomwaffen.

Andere Länder, übrigens rohstoffreiche Länder, nicht nur der Iran, auch Brasilien, ein Land, das 80 Prozent seines Stroms aus Wasserkraft bekommt, ein Land, was über Gas- und Ölvorräte verfügt, ein Land, was das sogar exportiert, ein solches Land strebt danach, den kompletten Brennstoffkreislauf inklusive Anreicherung und Wiederaufarbeitung zu beherrschen, das hat, behaupte ich mal, ganz wenig mit Energiepolitik und ganz viel mit dem Erreichen eines technologischen Standards zu tun, der ihn im Zweifelsfall auf eine Stufe stellt mit Japan oder der Bundesrepublik Deutschland, die ja diese Technologien allesamt beherrschen. Das hat sehr viel mit Status und sehr viel mit Sicherheitspolitik zu tun. Aber oft vergessen in der öffentlichen Meinung, der eigentliche Massenmord findet zurzeit durchgehend mit dem Modell der AK 47 statt. Also Kleinwaffen und zudem Minen, wir brauchen also eine Politik, die dieses Risiko mindert, die auf Abrüstung setzt, die die Zusagen der Nuklearmächte auf atomare Abrüstung endlich wieder ernst nimmt, die konsequent daran geht, Anreicherung und Wiederaufarbeitung zu internationalisieren, konsequent heißt auch für Deutschland, nicht nur für den Irak. Das heißt auch, wir brauchen ein Abkommen für die Kontrolle von Kleinwaffen, müssen mit dem Verbot von Landminen und Streuwaffen vorankommen. Ich glaube, ohne Abrüstung gibt es in der Tat keine Sicherheit.

Das vierte Risiko - Armut und Ausgrenzung. Globalisierung wird oft verteufelt. Übrigens Freihandel auch - zu Unrecht. Wenn wir heute den Prozess der letzten Jahre angucken, und ich sage das auch im Angesicht der jetzigen Krise, müssen wir feststellen, dass die Globalisierung in vielen Bereichen enorme Gewinne gebracht hat. Wenn Sie die Entwicklung in weiten Teilen Chinas und anderswo, auch Indiens, ansehen, stellen Sie fest, hier hat tatsächlich für viele eine Entwicklung, die unter dem Strich positiv gewesen ist, stattgefunden. Sie hat aber gleichzeitig genau diese Gesellschaften enorm polarisiert und sie hat in ihrer Entwicklung ganz andere Gesellschaften, insbesondere in Subsahara-Afrika, abgehängt, die heute reale Wohlstandsverluste zu verzeichnen haben. Das heißt, wir haben es mit einem Prozess der Polarisierung der Welt zu tun, die nicht sozusagen auf dem Umstand der Globalisierung als solchem beruht, sondern auf dem dramatischen Verzicht, auf Regulierung dieser Globalisierung. Wir haben eigentlich die Lehren, die wir aus dem 19. Jahrhundert gezogen haben, da kann man bei Adam Smith nachlesen, welche Rolle der Staat in einer Marktwirtschaft zu spielen hat, nämlich im Zweifelsfall das Gesamtinteresse aller Unternehmen gegen das Interesse des einzelnen zu verteidigen, dieses Subjekt des Staates, der in dem Nationalstaat noch funktioniert hat, diesen gibt es auf der internationalen Ebene nicht. Und das eben genau führt zu einer solchen Situation, wo wir Boomtown-Citys wie Shanghai oder Mumbai haben und gleichzeitig einen Umstand, dass mehr als 1,4 Milliarden Menschen unter der offiziellen absoluten Armutsgrenze der Vereinten Nationen liegen und parallel zu den Berichten, dass alle Industrieländer in dreistelliger Milliardensumme in die Staatshaftung für ihre Banken eintreten.

Da ging die Meldung fast unter, dass wir, obwohl wir uns im Jahre 2000 etwas anderes vorgenommen haben, nicht ein Weniger an Hunger auf dieser Welt haben, sondern ein Mehr. Es sind wieder über eine Milliarde Menschen, die an Hunger leiden. Und was das für die Sicherheit heißt, hat einmal etwas vereinfacht die Welthungerhilfe ausgerechnet, die nämlich die Zahl der Bürgerkriege in Korrelation zum Bruttosozialprodukt gestellt hat und je niedriger dieses ist, umso größer die Wahrscheinlichkeit dort. Das ist eine der Kernfragen für Sicherheitspolitik, was wir neben und trotz und mit der Finanzkrise zu bewältigen haben werden, nämlich tatsächlich jene Entwicklungsziele ernst zu nehmen, zu denen wir uns vertraglich auch verpflichtet haben, die Zahl der Armen zu halbieren, Zugang zu Wasser für eine Milliarde Menschen, Zugang zu einer entsprechenden Sanitätsversorgung, Zugang zu Elektrizität.

Es hieße schlicht, neben all diesen Aufwendungen, die Entwicklungshilfe für Deutschland zu verdoppeln. Ich hab das vorweg gesagt, weil ich weiß, dass von Kritikern der Bundeswehr, wie von Leitartikeln sehr konservativer Medien, dass alles gerne weggelassen wird und sofort gesagt wird, was ist denn eigentlich mit den Auslandseinsätzen. Und Kritiker werfen der Bundeswehr vor, sie hätte sich von einer Heimatverteidigungsarmee im Zeitalter der Blockkonfrontation zu einer heute globalen Interventionsarmee entwickelt. Und wenn man sich die Einsätze anschaut, wo heute deutsche Soldatinnen und Soldaten sind, so ist dieser Vorwurf globaler Intervention ja nicht ganz abwegig. Gerne wird an dieser Stelle behauptet, der eigentliche Sündenfall habe im Kosovo stattgefunden. Hier hätte man einen Präzedenzfall geschaffen für einen unilateralen, einseitigen Interventionismus Deutschlands. Ich sage, diese Auffassung teile ich nicht. Ich glaube, dass hier eine sehr schwierige Entscheidung getroffen wurde, man konnte sich nur falsch entscheiden. Und von den falschen Entscheidungen haben wir am

Ende, ich meine, die am wenigsten oder relativ wenigsten falsche getroffen, nämlich nicht noch einmal zusehen, wie hier ethnischer Völkermord auf dem Boden Europas stattfindet.

Es sind damals übrigens auch Konsequenzen gezogen worden. Etwas, was viele vergessen haben. Sehr frühzeitig sogar, noch unter der Regierung, die diesen Krieg mit zu verantworten hatte gegenüber dem Kosovo, neben den politischen Lösungen, die wir gemacht haben, nämlich in Mazedonien sehr frühzeitig dort hineingegangen mit einem vernünftigen Mandat der OSZE ist es gelungen, einen Krieg zu verhindern. Mazedonien ist heute einer der Kandidaten auf dem Weg in die EU, und diese Art und Weise hat im Übrigen mit dazu beigetragen, stärker hat das die Auseinandersetzung um den Völkermord in Ruanda getan, ein Stück neues Völkerrecht zu schaffen. Wir haben heute eine andere völkerrechtliche Situation als zu dem Zeitpunkt der Entscheidung über den Kosovo, die Beschluss des UN-Gipfels über die Verantwortung zum Schutz, die zunächst eine Souveränitätspflicht des einzelnen Staates, ist. Das muss ich immer in Richtung vieler meiner Parteifreunde sagen, die Herren, die jetzt denken, sie hätten einen universellen Schlüssel, überall sozusagen zu intervenieren, nein, das ist es nicht. Es ist zunächst die Pflicht des einzelnen Staates, seine Bevölkerung vor Völkermord, vor entsprechenden Maßnahmen zu schützen und nur wenn dieser Staat dieser Pflicht, die aus seiner Souveränität erwächst, nicht genügt, hat der Sicherheitsrat, und nur der Sicherheitsrat, die Kompetenz, hier etwas zu unternehmen.

Ein aktuelles Beispiel im Guten übrigens wie im Schlechten ist Darfur. Und da will ich, bevor ich mich diesen Einsätzen widme, mich der Mühe unterziehen, Auslandseinsatz nicht gleich Auslandseinsatz zu setzen, eine sehr beliebte Methode, auch dort von denen, die grundsätzlich dagegen sind und von denen, die in jedem Fall dafür sind, unterscheiden zwischen klassischen Kriegen, Einsätzen, Auslandseinsätzen mit Mandat, UN-Stabilisierungseinsätzen und klassischer UN-Friedensbewahrung. Ich glaube, in diesem Kreis kann ich es kurz machen, ich glaube, niemand glaubt ernsthaft, dass ein Angriffskrieg, wie ihn die USA beispielsweise gegen den Irak geführt haben, hier durch das Völkerrecht gedeckt ist, er ist geächtet. Übrigens - auch im deutschen nationalen Recht wie in der Verfassung und im Strafgesetzbuch. Ich hab das nur an dieser Stelle benannt, weil wir hier an ein Problem kommen, nämlich das Problem, das wir in der neuen Situation nicht mehr so klare Verhältnisse haben, ein kleiner Staat wird von einem großen angegriffen, sondern wir haben zum Beispiel die Situation, dass ein großer Staat sich gegen nichtstaatlichen Angriff kriegerischen Charakters wehrt. Und das, was wir bis heute nicht abschließend geklärt haben, ist zum Beispiel die Frage, wie weit reicht eigentlich eine völkerrechtliche Ermächtigung wie die vom 12. September 2001, die der Sicherheitsrat erteilt hat, sich gegen den Urheber dieses Anschlags zu wehren, und diejenigen, die davon betroffen sind und sich dagegen wehren, dabei zu unterstützen. Das kann ja wohl nicht gemeint sein, als Freibrief überall auf der Welt Krieg zu führen, außer man würde durch einen expliziten Beschluss des Sicherheitsrates daran gehindert.

Das ist aber Kern des OEF-Mandats, was heute im Kabinett noch mal verlängert worden ist in der Beteiligung. Ich will da nur eine aktuelle Bemerkung zu machen: Was Afghanistan angeht, spielt die deutsche Beteiligung bei OEF überhaupt keine Rolle. Ja, es gibt ja Leute, die glauben, da sei unentwegt die KSK im Einsatz und würde da was machen, denen empfehle ich immer den Bericht, den der Verteidigungsausschuss als Untersuchungsausschuss dazu gemacht hat. Unter OEF ist KSK, glaube ich, seit dreieinhalb Jahren nicht eingesetzt worden in Afghanistan. Das, was bekannter ist unter OEF ist die Präsenz am Horn von Afrika. Dafür gibt es ausgehend von der Bürgerkriegssituation in Somalia und dem sich ausbreitenden Piratentum gute Gründe. Und ich als jemand, der aus Bremen kommt, wir hatten schon immer was gegen Piraten. Aber wenn man was gegen Piraten hat, dann braucht man ein ordentliches UN-Mandat. Es gibt inzwischen einen Beschluss des Sicherheitsrates. Und dann braucht man ein entsprechendes Mandat und sagt, dann beteiligt sich Deutschland an einer solchen Maßnahme gegen die Piraterie und da versteckt man das nicht. Sie haben ja gesagt, warum erklärt man das nicht, dann versteckt man das nicht hinter dem Kampf gegen den Terrorismus. Das ist das Problem dort - diese Doppelzüngigkeit an dieser Stelle.

Ich bin sehr dafür zu haben, so einen Einsatz multilateral in Verantwortung dort vor dem Horn von Afrika zu machen, aber auf der Basis eines vernünftigen Mandats und nicht über die Konstruktion, über das Selbstverteidigungsrecht an dieser Stelle. Zur Rolle von OEF in Afghanistan werde ich vielleicht nachher noch was sagen. Weiteres sind die Einsätze mit UN-Mandat. Hier ist es wichtig darauf hinzuweisen, dass die Wahrnehmung solcher Maßnahmen beispielsweise durch regionale Staatenbündnisse wie NATO oder die afrikanische Union nicht die Ermächtigung durch den Sicherheitsrat substituieren können. Dies ist, glaube ich, eine der Konsequenzen, denen wir uns auch mit Blick auf Kosovo stellen müssen. Dazu zählt dann eben EUFOR in Bosnien. Lassen Sie mich nur die Bemerkung machen, ich glaube, wir müssen politische Anstrengungen, ist kein Hinweis auf die Bundeswehr und die Leistung, die

die Bundeswehr hier erbracht hat, also wir müssen politische Anstrengungen machen, hier langsam zu einem tatsächlichen Zurückfahren zu kommen. Mir drängt sich mehr und mehr der Eindruck auf, dass das immer weniger militärisch ist, was in Bosnien gemacht wird. Da ist KFOR im Kosovo, KFOR im Kosovo ist die einzig von allen Konfliktparteien akzeptierte Instanz, ist zurzeit völlig in meinen Augen unverzichtbar.

Das zeigt auch und gerade die Schwierigkeiten des Übergangs von der Mission im zivilen Teil von UNMIK auf die europäische Mission EULEX, aber Sie sehen auch hier etwas, was bei fast allen diesen Mandaten auffällt, nämlich die krassen Unterscheidungen zwischen den tatsächlich gestellten Soldaten und den Mandatsobergrenzen durch den Bundestag. Ich sage das hier nur, weil gerne das Gerücht verbreitet wird, der Bundestag in seiner Kontrollwut sei so restriktiv, dass man nicht mehr handeln könnte. Das ist, wenn Sie die Zahlen aus diesen Mandaten sehen, Bosnien. Übrigens auch OEF, tatsächlich nicht der Fall. Wo das anders ist, haben wir hier den Fall von ISAF. Auch hier mit allem Nachdruck. Ich habe gehört, mein Bundestagskollege Gysi hätte gesagt, er wär eigentlich für Militäreinsätze, aber da müsste es das Mandat der Vereinten Nationen geben. Ja, das gibt es hier. Das ist übrigens gerade neulich unter Zustimmung der Russen verlängert worden.

Es gibt einen Auftrag des Sicherheitsrates der Vereinten Nationen an die NATO, die Herausbildung von den Strukturen in Afghanistan zu unterstützen und abzusichern und diese Absicherung eines zivilen und polizeilichen Aufbaus ist das, was der Auftrag ist und hier hat es in der Tat eine etwas enge Begrenzung gegeben für die, und deswegen ist von meiner Seite die Aufstockung auf 4.500, die jetzt erfolgt ist, nicht das Problem. Das Problem von ISAF in meinen Augen liegt auf zwei Ebenen. Das eine sind die Mängel im zivilen Aufbau. Kann man nicht der Bundeswehr zuordnen. Die Bundeswehr hilft sogar da, wo eigentlich andere tätig sein müssten. 45 Feldjäger, die Polizeiausbildung betreiben. Ich bin diesen Feldjägern dankbar, ich bin der Bundeswehr dankbar, dass sie dieses tun, muss aber sagen, es ist eigentlich nicht Aufgabe vom Militär. Es ist Aufgabe der Polizei. Und Deutschland schafft es nicht, seine Zusagen in diesem Bereich auch nur annähernd zu erfüllen. Liegt übrigens nicht an den Polizisten. Es gibt mehr Bewerber, ich komme gerade von der Bundespolizei in Lübeck, als möglich wären, diese Verpflichtung zu machen. Es sind schwere organisatorische Mängel. Das ist ein zögerliches Vorgehen im Bereich der zivilen Hilfe, die nicht in die Fläche und insbesondere viel zu wenig in den ländlichen Raum passen. Das ist die eine Sache. Das andere Problem ist, wir haben in Afghanistan etwas, was Militärs eigentlichen die Fußnägel aufrollen müsste - wir haben zwei Kommandos im gleichen Raum: Das Kommando ISAF und wir haben den OEF-Einsatz, der aus der unmittelbaren Nähe, nämlich aus Tampa in Florida, geführt wird. Und das führt zu teilweise dramatischen Entwicklungen.

Wir haben Fälle, wo mein Besuch in Afghanistan der damals kommandierende ISAF-Kommandeur McNeal gesagt hat auf einen konkreten Vorfall angesprochen, wo ISAF eine OEF-Einheit raushauen musste und dann holländische Kampfflugzeuge die Auseinandersetzung entschieden haben mit dem bitteren Ergebnis, dass über 50 Frauen und Kinder dabei ums Leben gekommen sind, dass von diesem Einsatz, der dort stattgefunden hat von OEF, niemand bei ISAF wusste. Sie wussten es erst, als es schief gegangen ist. Das ist nicht die Ausnahme, es ist leider die Regel. Und das ist der Grund, warum wir sagen, wir brauchen in Afghanistan eine kohärente zivile Strategie, aber auch eine kohärente militärische Strategie und das heißt, es kann in dem Raum Afghanistan nur ein Kommando geben, das ist das Kommando von ISAF.

Ein Nebenher von gesonderten Kommandoaktionen ist dabei, den Erfolg der NATO-Operation ISAF durch das Handeln des größten NATO-Mitglieds zu gefährden. Und ich sehe bei der Bundesregierung ganz wenig Bereitschaft, in dieser Frage wirklich aktiv zu werden. Zwar gibt es geänderte Einsatzrichtlinien, aber die stehen nach wie vor auf dem Papier. Die Opferzahlen, auch die zivilen Opferzahlen, die seit der Verabschiedung dieser Richtlinie im letzten Jahr stattgefunden haben, sind leider noch einmal um 40 Prozent gestiegen. Eine andere, das kann man überspringen im Grunde genommen, ist EMES im Sudan, eine ebenfalls lange Zeit Auftragsoperation, die jetzt abgelöst wird durch eine UN-Operation. Und manche Leute sagen ja, es gäbe immer Operationen, die würden nie zu Ende gebracht werden, die EUFOR-Operation, die einer Nichtaufstockung von MONUC, dem größten UN-Einsatz überhaupt, diente, ist erfolgreich abgeschlossen worden. Aber es hat eine temporäre Lösung gegeben, die Wahlen sind durchgeführt worden und jetzt sehen wir, wie im Osten Kongos mit den ungelösten Fragen der Verfolgung von einzelnen Kriegsverbrechern wir in eine Situation erneut reinsteuern, wo sich Krieg zuspitzt und verschärft und die UN-Truppen, die dort sind, eigentlich vor der Frage stehen, sollen sie aktiv in die Friedenserzwingung reingehen, was sie aus vielen Gründen nicht können, und sie sollten, finde ich, mal hier dahingestellt sein lassen. Dann gibt es im vermehrten Maße UN-Stabilisierungseinsätze. Man muss immer, ich stelle die Frage gerne in etwas friedensbewegteren Kreisen, was ist die Macht, die die am zweitmeisten Truppen in anderen Ländern stationiert hat. Die meisten wissen, es sind die USA. Die Zweitmeisten sind inzwischen die Vereinten Nationen. Aktuell 110.000 Soldaten, die nicht in Auftragsoperationen, sondern unter dem Kommando des DPKO, also des Department für Peacekeeping Operations, sind. Das kostet übrigens doppelt so viel wie den regulären UN-Haushalt. Das Größte ist nach wie vor MONUC.

Fast alle diese Mandate sind heute robust begründet. Das ist eine der Konsequenz aus der Verantwortung zum Schutz und den Erfahrungen, die man in Ruanda unter anderem gemacht hat. Diese Einsätze zeichnen sich dadurch aus, dass vor allem Soldaten aus Entwicklungsländern den Kopf hinhalten und die reichen werden dann dafür bezahlen. Die Einsätze, hier UNMISS im Sudan, hier werden 75 unbewaffnete Militärbeobachter, übrigens werden die nicht die Teilung des Sudans verhindern, UNIFIL, vorhin schon erwähnt, und wir haben nach wie vor klassische Blauhelmeinsätze wenig beachtet, die eben nicht mit dem Recht zur Mission Defense und zum Schutz der Zivilbevölkerung versehen sind. In Georgien, dieser Konflikt wird uns noch lange begleiten durch das Agieren der georgischen Regierung und die Überreaktion Russlands wird uns dieser eingefrorene Konflikt, glaube ich, noch sehr, sehr lange erhalten bleiben. Die Bemühungen Deutschlands, hier zu einem friedlichen Ausgleich zu kommen, dürften erst mal gescheitert sein. Das gilt, wenn man einen Strich drunter zieht unter die Einsätze Deutschlands und wir hatten uns der Frage zu stellen, ist Deutschland sozusagen zur weltweiten Interventionsarmee gekommen, stellen wir fest, dass ein solcher Einsatz wie Kosovo die Ausnahme und nicht der Präzedenzfall war. Es handelt sich mehrheitlich um Stabilisierungseinsätze.

Leider werden in Deutschland die Blauhelmeinsätze ganz wenig beachtet - und es zeigt etwas Weiteres. Da haben verschiedene Seiten miteinander gelernt: die militärische und die zivile Seite. Entwicklung braucht Sicherheit, aber am Ende schafft nur Entwicklung nachhaltige Sicherheit. Und wenn wir dieses Szenario betrachten, glaube ich, müssen wir uns der Frage stellen, was für eine Bundeswehr brauchen wir dafür. Brauchen wir noch eine Bundeswehr mit der Dualität Heimatverteidigung und der Hauptaufgabe Stabilisierungseinsatz? Ich bin da mit meiner Partei eindeutig. Ich glaube, dass uns diese Dualität daran hindert, in vernünftiger Art und Weise der Hauptherausforderung, nämlich Stabilisierung, gerecht zu werden. Wir binden Ressourcen. Ich war in der letzten Woche in New York und wir haben mit dem Unterausschuss Vereinte Nation über Darfur diskutiert, unter anderem mit dem Chef von DPKO. Und dann sagt der, wieso kann ein solches Land wie Deutschland nicht mehr Transportkapazitäten zur Verfügung stellen. Sie sind doch reich. Wer, wenn nicht Sie soll das können? Und ich muss Ihnen sagen, ich kann diese Frage nicht beantworten. Es hat natürlich was mit den strukturellen Prioritäten bei uns zu tun, die nach wie vor unentschieden sind.

Deswegen glauben wir Grünen, dass die Bundesrepublik Deutschland sich entscheiden muss. Wenn die Hauptaufgabe der Bundeswehr im wachsenden Maße künftig Stabilisierung im multilateralen Verband ist, dann brauchen wir tatsächlich eine andere Bundeswehr. Wir meinen, eine kleinere, eine professionellere Armee. Und wir brauchen auch andere Prioritäten in der Beschaffung. Das gilt für mehr Investitionen im Transportbereich, im Bereich Logistik und wer mal in Afghanistan war, weiß, was die Rolle von Sanitätern, Rettungskräften und ähnliches angeht, sieht auch das. Wir müssen andere Rüstungsprojekte, die möglicherweise nicht so dringend sind, etwas zurückstellen. Und wir müssen uns klar machen, dass Bundeswehr nicht alles kann, dass das Thema der wachsenden Bedeutung global auch und gerade von Polizeieinsätzen und wir müssen als Bundesrepublik Deutschland, als ein föderaler Staat und an diesem föderalen Staat möchte ich nicht rütteln, als ein Staat, der eine sehr strikte Trennung hat zwischen dem, was Militär und was Polizei sind, an dieser Trennung möchte ich nicht rütteln, in der Lage sein, mehr von solchen Polizeieinsätzen mit Polizistinnen und Polizisten zu machen.

Für Auslandseinsätze des Militärs sollten diese Grundsätze gelten, Zivil geht vor, keine Alleingänge, Einbindung in die UN sowie eine strikte Parlamentskontrolle. Ich will - wegen der Zeit und wir wollen ja auch noch diskutieren - nur auf zwei Dinge hinweisen: Ich glaube, wir müssen uns um Priorität für UN-Kommando bemühen, weil Auftragsoperationen werden immer weniger Akzeptanz finden. Und ich will noch mal was zu der Frage Parlamentskontrolle sagen. Weil das auch im Ausland teilweise fürchterlich belächelt wird. Ich kann Ihnen nur eins sagen, mir ist aus all der Zeit, wo ich auf der Regierungsseite gesessen habe, hier aus der Zeit, wo ich jetzt in der Opposition sitze, kein Fall bekannt, wo aufgrund der Nichthandlungsfähigkeit des Bundestages eine Entscheidung nicht getroffen wurde. Es ist in der Regel eher so, dass der Bundestag, ich sag jetzt einmal, Ausschusssekretär bei Fuß, dasteht und wartet, dass die Exekutive ihre Entscheidung trifft. Und es ist bei weitem nicht so, dass der Deutsche Bundestag sozusagen in jedes operative Geschäft reinregiert. Da mag es Kollegen geben, die

„Globale Risiken – grüne Antworten" 91

der Versuchung, Feldherr zu sein oder Regionalkommandeur, da gelegentlich erliegen. Der Bundestag als solcher möchte eigentlich klare Kriterien, was für Kapazitäten in welchem Umfang bringen wir zum Einsatz und was haben die erreicht. Welche Ziele sind erreicht worden oder welche Ziele möchte man in welchem Zeitrahmen entsprechend erreichen. Das ist das, was wir unter Rechenschaftspflicht finden. Und ich glaube, wir müssen etwas Weiteres tun.

Wir müssen gerade diese Diskussion auch und gerade im Interesse der Soldatinnen und Soldaten von der militärischen Fixierung in der öffentlichen Wahrnehmung wegbringen. Warum diskutieren wir eigentlich für Afghanistan nicht das gesamte Mandat? In Kunduz sitzen ein Oberstleutnant, ein Vortragender Legationsrat und Vertreter von NGOs wie der Welthungerhilfe an einem Tisch und unterhalten sich über die Situation dort. Die arbeiten in allen PRT zusammen. Der Deutsche Bundestag entscheidet aber immer nur über die Entsendung der Soldaten. Das ist verfassungsmäßig gerechtfertigt, weil, das ist der Kern dessen, hier geht es um eine Entscheidung auf Leben und Tod, die möchte ich nicht beiseite wischen. Aber ich finde schon, dass das gesamte Mandat unter Einschluss zum Beispiel der zivilen Leistung an dieser Stelle mit auf den Tisch einer solchen Entscheidung gehört, dass dazu gehört, was für Zusagen, was für Versprechungen im Polizeibereich gemacht worden sind, was für Ansagen gemacht worden sind, wie viel Geld wir da hingeben, damit klar wird, dass die Soldatinnen und Soldaten, die in diesem Einsatz sind, welchem Ziel und welchem Zweck die da nachkommen.

Und ich will auf Ihre Eingangsbemerkung, Herr Quandt, gerne eingehen. Ich bin nicht jemand, der sagt, wenn da geschossen wird von Militär, militärische Gewalt angewendet wird, dass man den Begriff Krieg auf jeden Fall vermeiden müsste. Da haben Sie sicherlich recht. Nur ich bin mir nicht sicher, auch aus meinen Gesprächen mit Soldatinnen und Soldaten dort, ob die Art und Weise des Einsatzes, wie die Bundesrepublik Deutschland dort unter anderem mit Störern vorgeht, wie sie versucht, Stabilität zu erreichen, unter dem Begriff der Kriegsführung zutreffend beschrieben ist. Ich bin kein Militär, aber ich kann mir ganz schlecht vorstellen, dass der Verzicht zum Beispiel auf die unmittelbare Nacheilung, das ist ja wohl eine der Verhaltensrichtlinien, die die Bundeswehr dort hat, in einen tatsächlichen kriegerischen Konflikt, wo man den Feind bekämpft, etwas wäre. Das heißt, den besonderen Charakter von solchen Stabilisierungseinsätzen diesen deutlicher zu machen und an dieser Stelle nicht so zu tun, als wenn Bundeswehr Entwicklungshelfer wäre. Bundeswehr produziert in Afghanistan

Stabilität, die Entwicklungshelfer machen Entwicklungshilfe. Das sind die beiden Aufgaben. Dass das eine aber ohne das andere nicht funktionieren kann, das ist eigentlich das, was wir in der Behandlung solcher Vorgänge im Bundestag deutlich machen müssen. Deswegen unser Plädoyer für einen solchen integrierten Ansatz. Meine Damen und Herren, Militär - und das ist die auch für Grüne bittere Antwort auf diese veränderte Situation nach dem Ende der Bipolarität – kann manchmal notwendig sein, Militär wird aber keine dauerhafte Lösung finden, Stabilisierungseinsätze, wie ich sie beschrieben habe, können Zeitfenster für politische Lösungen schaffen, es gibt ohne Sicherheit keine Entwicklung, das ist richtig, aber langfristig ohne Entwicklung keine Sicherheit und wir brauchen ein ernstes und nicht ein legitimatorisches Primat der zivilen Krisenpräsention. Mit all dem werden wir scheitern, wenn wir darüber vergessen, die den Gefahren zugrunde liegenden globalen Risiken zu bekämpfen. Vielen Dank für die Aufmerksamkeit.

"Der internationale Einsatz der Bundeswehr."

Mit diesem Vortrag zum Thema: „Der internationale Einsatz der Bundeswehr – völkerrechtsgemäß oder völkerrechtswidrig, vernünftig oder unvernünftig?" beschritten der Studentische Konvent, die Helmut-Schmidt-Universität und die Bundeswehr Neuland. Dies wird nicht nur am Titel des Vortrages sichtbar, sondern auch an der Person des Referenten. Mit Dr. Gregor Gysi, sprach nämlich zum allerersten Mal ein Vertreter der Partei DIE LINKE. an der Universität der Bundeswehr in Hamburg.

Dieses Neuland stellt jedoch keinen Widerspruch dar – sowohl die Thematik als auch der Redner selbst passen ideal zur Vortragsreihe und zum Selbstverständnis der HSU. Die Helmut-Schmidt-Universität lässt sich von dem Ziel Voltaires leiten, Bildung durch Wissenschaft zu vermitteln – und zwar mit Offenheit nach innen und außen. Es ist Ausdruck eines verantwortungsvollen Selbstverständnisses der Universität der Bundeswehr als höchste Bildungseinrichtung der Streitkräfte. Die Fähigkeit andere Meinungen zu respektieren und sich mit ihnen wissenschaftlich auseinanderzusetzten, ist wohl der zentrale Grundbaustein dieser Hochschule.

Die Bundeswehr als Parlamentsarmee kommt der ihr nach dem Grundgesetz gegebenen Verantwortung nach, ob in Deutschland, im Kosovo oder eben in Afghanistan. Sie läuft nicht davon, sondern nimmt die Aufgaben und Herausforderungen an, welche ihr gestellt werden. Das Engagement Deutschlands und damit das der Bundeswehr dient letztlich einem einzigen Zweck – die Ideen und Vorstellungen eines Voltaires auch den Menschen im Kosovo oder Afghanistan zu eröffnen. Dass diese Menschen ihre Meinung frei äußern können, ist Bestandteil der Verantwortung der Bundesrepublik Deutschland in Europa und der Welt. Folglich ist die Bundeswehr keine Bedrohung für die friedliche Entwicklung, sondern vielmehr ihr Garant.

Dr. Gregor Gysi, MdB

**Rede anlässlich der Vortragsreihe
„Deutsche und Europäische Sicherheits- und Verteidigungspolitik"
am 24. April 2008 in der Universität der Bundeswehr Hamburg**

Dr. Gregor Gysi, MdB,
Vorsitzender der Bundestagsfraktion DIE LINKE

„Der internationale Einsatz der Bundeswehr - völkerrechtsgemäß oder völkerrechtswidrig, vernünftig oder unvernünftig?"

Ja, einen schönen Guten Tag, meine sehr verehrten Damen und Herren. Ich wusste, dass ich hier nicht in so eine Art Basisgruppe der Linken komme, darauf bin ich also vorbereitet und ich muss Ihnen sagen, die Auseinandersetzungen, die Sie erlebt haben, nachdem Sie mich eingeladen haben, sind noch harmlos im Vergleich zu den Auseinandersetzungen, die Sie, sagen wir mal, vor acht Jahren erlebt hätten. Alles entwickelt sich. Und wenn ich nein gesagt hätte, hätten Sie mich ja für feige gehalten, weil Sie sagen, der redet da draußen immer so einen Blödsinn, hier kommt er nicht her, nicht wahr, wo wir es ihm mal zeigen könnten, hab ich mir gesagt, kann ich mir auch nicht leisten, ist doch klar. Und außerdem finde ich es auch selbstverständlich, dass man darüber diskutiert. Dazu sind ja die Fragen viel zu wichtig. Ich verstehe auch die Anwesenheit vieler Professoren, weil, die müssen ja zuhören, um das nachher wieder alles Ihnen gegenüber widerlegen zu können und das verstehe ich ja auch. Verstehen Sie, das sind ja ein bisschen deren Arbeit und deren Aufgabe. Ich weiß natürlich in welchen Situationen, ist ja klar, ich wollt ja ein bisschen Widerspruch ernten an der Stelle. Er hat hier mein Leben geschildert.

Er hat einen Umstand vergessen, der mir ganz wichtig ist, dass ich nämlich auch noch Facharbeiter für Rinderzucht bin, wie mein Vater immer sagte, mein Emigrationsberuf. Sie müssen das auch verstehen, wenn du nach Kanada gehst, kannst du als deutscher Jurist in aller Regel gar nichts anfangen. Das fängt schon damit an, einen Vertrag zu schreiben. Das ist alles so auf Sprache angewiesen und wenn du die nicht perfekt beherrschst, wird das nichts. Aber die Rinder sind sehr ähnlich, darauf kann man sich dann einstellen etc. Außerdem sage ich immer, Rinderzüchter war auch deshalb ein wichtiger Beruf, weil, man kann nicht in die Politik gehen, wenn man nicht weiß, wie gemolken werden soll. Verstehen Sie das? Auch dafür ist das eine Voraussetzung. Konnte ich aber damals nicht ahnen. Kommen wir aber zum Ernst und zum Thema zurück und mir ist völlig klar, Sie haben sich für einen bestimmten Beruf entschieden und wenn man sich für einen solchen bestimmten Beruf entscheidet, dann sieht man daran natürlich auch einen bestimmten Grad an Sinn, das ist völlig klar, den man auch rechtfertigen will und den man auch gerechtfertigt sieht, und zwar in der jetzigen Aufgabenstellung. Trotzdem will ich versuchen, mit Ihnen über ein paar grundlegende Fragen zumindest zu diskutieren, damit wir mal darüber nachdenken, wie denn die Gesellschaft der Zukunft diesbezüglich aussehen soll und auch wie sie heute aussieht.

Wir haben erlebt, da waren Sie natürlich zum größten Teil noch sehr jung, aber ich nicht mehr ganz so jung, das Ende des Kalten Krieges 1990. Das war ja im Grunde genommen eine sehr spannende historische Zäsur. Was machen wir eigentlich mit einer solchen Situation, nicht nur in Deutschland, sondern in Europa und weltweit? Ja, das ist mir auch aus folgendem Grunde wichtig. Ich hab immer gesagt, das positivste Ergebnis der deutschen Einheit ist am seltensten betont worden, nämlich dass mit dem 3. Oktober 1990 ein Krieg zwischen beiden deutschen Staaten ausgeschlossen war. Und die Verständigung, die zu viel früherer Zeit zwischen Strauß und Honecker stattfand, fand deshalb statt, weil sie beide wussten, dass die Amerikaner und die Sowjetunion, wenn es je einen Krieg in Europa geben würde, ihn zuerst in Deutschland austrügen und sagen, dann müssen eben die beiden Staaten weg. Punkt. Und da sie das beide nicht wollten, war das die Basis wiederum ihrer Verständigung, worauf da natürlich politische, wirtschaftliche, andere Kontakte entstanden sind.

Das muss man alles wissen und ich bin geprägt in meinem Leben durch die Zeit des Kalten Krieges. Es war immer ein politisches Gegenüber. Wenn ich damals hier gesprochen hätte, na, das hätte vielleicht ein Theater gegeben. Nicht nur hier, sondern auch da, wo ich herkomme. So, mit anderen Worten, die Frage war, was machen wir denn jetzt eigentlich, wo diese Situation vorbei ist. Der Kalte Krieg bedeutete immer die latente Gefahr eines Atomkrieges. Es war immer auch die Frage, was passiert bei einem Versehen usw. Dann wurden ja rote Telefone eingerichtet zwischen dem ersten Mann der USA und der Sowjetunion, damit also zumindest Versehen ausgeschlossen werden.

Was Sie sich gar nicht mehr erinnern können, aber ich war doch immerhin schon ein junger Mann, die Kuba-Krise. Die war so was von ernsthaft, wo man nicht wusste, passiert es jetzt, bricht jetzt der 3. Weltkrieg aus, weil der Chruschtschow nur auf seinem besteht, Kennedy umgekehrt und alles sozusagen fliegt uns um die Ohren. Und es ist völlig klar, es gäbe uns alle nicht mehr. Hätte es einen 3. Weltkrieg gegeben, würde es wahrscheinlich, würde Deutschland gar nicht mehr existieren. Das muss man einfach sagen. Das ist alles überstanden. So, nun war natürlich die Frage, was machen wir mit der Situation, wie wird sich die Welt neu organisieren, was passiert jetzt eigentlich. Nun kommt meine naive Vorstellung. Damals dachte ich, ja, die lösen den Warschauer Vertrag auf, können sie eigentlich auch die NATO auflösen. Warum? Weil ich einen Zusammenhang sah. Die NATO ist gegründet worden und die Sowjetunion, was wahrscheinlich kaum jemand von Ihnen weiß, stellte den Antrag, aufgenommen zu werden. Daraufhin sagte der französische Verteidigungsminister, dann ist ja die ganze NATO umsonst. Daraufhin – die Franzosen haben ja so eine ehrliche Art, ja, deshalb zitieren sie auch gerne Voltaire – und daraufhin sagte die Sowjetunion, nun gut, dann gründen wir den Warschauer Vertrag und so ist der ja dann auch zustande gekommen. Das ist auch interessant. So jetzt habe ich mir damals gedacht, na gut, im Kalten Krieg war dieses Gegenüber gegeben, wenn jetzt der Warschauer Vertrag aufgelöst ist, brauchen wir doch eigentlich die NATO gar nicht mehr.

Das waren meine Überlegungen. Deshalb haben wir das damals auch gefordert. Heute werden Sie in unserem Programm immer noch finden, dass wir von der langfristigen Überwindung der NATO ausgehen, weil wir glauben, dass wir über diese Art von Verteidigungsbündnissen die Probleme auf der Erde nicht lösen. Aber bis dahin, man braucht immer auch Visionen, man braucht auch immer Vorstellungen, wie eine Welt anders organisiert sein kann, und das wird auch niemand von Ihnen bestreiten, auch wenn Sie den Beruf ergreifen. Es wäre natürlich fantastisch, eine Welt zu haben, die gar keine Armeen brauchte. Also gar keine – weder dort noch dort etc. Davon sind wir meilenweit entfernt, das werden Sie in Ihrem Leben nicht mehr erleben, aber die Vision muss man schon aufrechterhalten. Aber die nächste Frage war, wenn nun mal, also was machen wir denn mit ihr. Sie war ja ein reines Verteidigungsbündnis. So war auch das Grundgesetz angelegt. Und jetzt stand die Frage einer veränderten Struktur. Und die ist nach meiner Auffassung falsch beantwortet worden und, ich nehme mal an, nach Ihrer Auffassung richtig beantwortet worden. Und über die Fragen müssen wir miteinander diskutieren. Und ich will auch sagen, warum. Das eine ist, wenn man die NATO fortbestehen lässt, was sind denn im Augenblick die Ziele nach einer Blockkonfrontation. Die war ja beendet, die Blockkonfrontation. Die hob sich ja auf – ehemalige Staaten des Warschauer Vertra-

„Der internationale Einsatz der Bundeswehr" 97

ges sind ja jetzt in der NATO organisiert. Also, worum geht es eigentlich? Und darüber ist schon 1990 und 1991 heftig diskutiert worden.

Und ich hab den damaligen Bundesverteidigungsminister noch von der CDU mal gefragt, wie denn die verteidigungspolitischen Richtlinien der Bundeswehr von 1991 aufkamen, dass auch die weltweite Sicherung der Rohstoff- und der Erdölressourcen zu einem Aufgabengebiet der Bundeswehr gehört. Das wollte nicht in meinen Kopf. Ich hab gesagt, das sind ja so alte ökonomische Kriterien usw. und er sagt, da muss er noch mal nachgucken – so ganz nett. Da sage ich, na, das müssen sie doch wissen. Und dann hat er mir das versucht zu erklären, was mir aber nicht einleuchtete.

Das heißt, ich behaupte, wenn wir heute auch in den Irak schauen, wo sich Deutschland – dazu sage ich auch noch was – sehr vernünftigerweise nicht beteiligt hat, was übrigens Folgen hat auch für die Welt, darf man alles nicht unterschätzen, was auf dieser Strecke passiert ist, aber dazu komme ich noch. Will nur sagen, dass zum Beispiel der Irak-Krieg zweifellos auch was mit Erdöl zu tun hat. Und wenn Sie es mir nicht glauben, dann lesen Sie Greenspan, der sagt, das war das Motiv. Punkt. Und das hängt mit der Energieverknappung auf der Erde zusammen. Früher, in früheren Jahrhunderten, wurden Kriege geführt für Kohle, für Stahl. Auf die Idee kommt heute gar keiner mehr. Aber Erdöl, Erdgas, das sind plötzlich die entscheidenden Energiequellen geworden. Weshalb wir übrigens auch vor der ökologischen Frage stehen, eigentlich ist die mit der militärischen zusammenhängend. Entweder kriegen wir die Energiefragen gelöst oder wir werden furchtbare Auseinandersetzungen wegen des Zugangs zu bestimmten Rohstoffquellen erleben. Und zwar, nicht wie früher, nicht mehr Goldvorkommen und so, das macht man alles anders, und um Diamanten, aber Erdöl, Erdgas sind gegenwärtig die entscheidenden Fragen geworden, weil davon auch der Wohlstand einer Gesellschaft abhängt.

Ergo – ich sage nur, schon in den Bundeswehrrichtlinien des Jahres 1991 stand das drin, neben anderen Dingen. Aber das stand auch drin. Das Zweite, der zweite Punkt der Auseinandersetzung war dann die erste Beteiligung der Deutschen Bundeswehr in einem Krieg, und zwar gegen Jugoslawien. Und die Diskussionen habe ich ja nun wirklich hautnah erlebt, und da war ich auch der Angriffspunkt im Bundestag usw. und da gingen auch die Meinungen in der Bevölkerung völlig durcheinander. Warum? Weil diejenigen, die für den Krieg waren, dafür moralische Kriterien aufstellten. Sagten, die Albaner werden unterdrückt, wir müssen etwas unternehmen, man kann nicht zuschauen und und und. Das kennen Sie alles. Und die anderen nahmen für sich das Völkerrecht in Anspruch und sagten, Jugoslawien hat niemand angegriffen, das ist kein Verteidigungskrieg. Das steht aber im Grundgesetz drin und es ist auch nicht der seltene Fall, dass der Sicherheitsrat der Vereinten Nationen auf der Grundlage des Kapitels 7 der Charta der Vereinten Nationen beschließt, dass der Frieden gefährdet ist und dass deshalb diese Maßnahmen erforderlich sind. Das konnte der nicht beschließen, der Sicherheitsrat, weil China und Russland nicht zugestimmt hätten, und das sind Veto-Mächte. Und wenn die nein sagen, dann kommt der Beschluss ja nicht zustande. Ergo ist es nicht beantragt worden. Dann sprach der damalige Bundespräsident von Nothilfe und sagte, na ja, ist eben ein Fall von Nothilfe.

Dann gab es eine Bischöfin, die das auch damit versuchte zu rechtfertigen. Und ich habe versucht, und da bist du als Jurist mutterseelenallein auf der Erde, zu sagen, die Nothilfe hat geregelt, dass es der Sicherheitsrat beschließen kann. Wenn er es aber nicht beschließt, dann trifft die Nothilfe nicht zu. Daraufhin sagte Scharping zu mir im Bundestag, sie können das doch nicht ernsthaft von der Zustimmung Chinas abhängig machen. Daraufhin sagte ich ihm, wieso sollen die USA das nächste Mal das abhängig machen von der Zustimmung Frankreichs. Das war völliger Zufall, ich hatte gar nicht an den Irak gedacht, weil ich den ja noch gar nicht kannte. Aber es war wirklich mein Beispiel mit dem Irak. So ging das hin und her. Ich will mal sagen, das war noch eine sachliche Ebene. Es kamen dann auch unsachliche Auseinandersetzungen, die meine ich gar nicht. Es ist doch nicht so, dass ich nicht die Motivationslage verstehe. Aber was ich Ihnen sagen muss, wenn du Recht aufhebst, gilt es nie wieder. Nie wieder. Und dann komme ich gleich zum Ärger über meine Partei an dieser Stelle. Und zwar, ja, weil ich Ihnen sagen will, man muss ja sagen zum Völkerrecht.

Wenn man ja sagt zum Völkerrecht, dann müssen sie lernen, es auch in den Teilen zu akzeptieren, wo es ihnen gerade nicht gefällt. Und meine Partei muss das auch lernen. Und Münster war die Auseinandersetzung um das Völkerrecht, ob nämlich wir auch akzeptieren, dass das Kapitel 7 der Charta der Vereinten Nationen gilt. Und da habe ich immer gesagt, wenn wir dazu nein sagen, wie sollen wir denn dann Busch vorwerfen, dass er das Veto-Recht Chinas und Russlands nicht anerkennt. Der sucht sich eben seinen Teil aus, der für ihn nicht mehr gilt, wir suchen uns unseren Teil aus. Da waren sie natürlich pappesatt, als ich das gesagt habe.

Aber hier sozusagen, da gibt es nur, und dafür will ich einfach auch mal als Anwalt und Jurist plädieren, du kannst nur ja sagen zum Völkerrecht oder du sagst nein dazu. Und wenn du ja sagst, musst du auch die Teile respektieren, die dir nicht gefallen. Jetzt gibt es natürlich ein hervorragendes Gegenargument bei der moralischen Argumentation, dass man sagt, ja, aber das heißt ja, du willst unmoralisch handeln, wenn es denn stimmte, bloß weil jetzt China und Russland nicht zustimmen. Du willst das davon abhängig machen. Dann sage ich, das ist geltendes Völkerrecht. Wenn wir es nicht hinbekommen, kommt der Beschluss nicht zustande. Ich kann doch nicht ein Gesetz einführen, das der Bundestag nicht beschließt. Ich kann mich ja furchtbar darüber ärgern, dass er das nicht beschließt. Das kann ich auch kritisieren. Ich kann mir vornehmen, ganz anders zu wählen, das nächste Mal. Aber ich kann es doch nicht einfach in Kraft setzen. Und im Kern haben wir bei Jugoslawien ein anderes Gesetz in Kraft gesetzt. Jetzt lass ich mal alle weiteren weg. Jetzt haben wir das nächste Problem. Ich möchte es nur in dem Zusammenhang sagen: Kosovo. Was passiert denn jetzt? Nachdem dieser Krieg stattfand, hat man sich irgendwann darauf eingelassen und gesagt, also okay, nun beenden wir das Ganze. Dann wurde da eine Vereinbarung geschlossen und jetzt gibt es ja eine völkerrechtliche Grundlage für unsere Truppen im Kosovo, nämlich einen Beschluss des Sicherheitsrates – im Unterschied zur Kriegführung, muss man sehen. Weil der Sicherheitsrat ja jetzt beschlossen hat, dass der Kosovo so und so verwaltet wird, auch militärisch etc.

Aber nun hat sich der Kosovo für unabhängig erklärt. Das widerspricht diesem Sicherheitsratsbeschluss. Da steht drin, dass der Kosovo ein Bestandteil des UNO-Mitglieds Serbien ist, dass man der Regierung in Serbien dafür dankt, dass sie dem zustimmt, steht da alles drin. Jetzt kriegen sie keinen neuen Beschluss, weil Russland den nicht will. Und China auch nicht. Was machen wir jetzt? Jetzt trennt sich der Kosovo und wir sagen, ja, wir erkennen euch an und bauen diplomatische Beziehungen auf. Die USA sagen ja, Großbritannien sagt ja, Frankreich sagt ja. Wenn wir das sagen, hat sich doch der Auftrag der Bundeswehr geändert. Jetzt stell ich meine erste Frage: Sind wir noch eine Parlamentsarmee, wenn das Parlament gar nicht darüber beschließt? Wir haben jetzt einen Antrag eingebracht. Natürlich auch, um sie zu ärgern. Also nicht Sie, sondern die anderen. Aber es geht um eine inhaltliche Kernfrage. Verstehen Sie, die Bundeswehr war da, um eine nationale Minderheit, die Kosovo-Albaner auch zu schützen vor Serben und natürlich, soweit es ging, auch die Serben dort im Kosovo zu schützen etc. So war der Auftrag. Jetzt ist das ein eigenes Land. Jetzt sagt man, ich muss die vor dem Land schützen, mit dessen Genehmigung ich dort war. Ich muss jetzt im Kosovo, wo plötzlich die nationale Minderheit jetzt die nationale Mehrheit geworden ist, jetzt muss ich die serbische Minderheit schützen.

Es sind alles andere Aufgabenstellungen. Es gibt keinen neuen Beschluss des Bundestages. Wenn ich der Verantwortliche der Bundeswehr im Kosovo wäre, würde ich jetzt an den Verteidigungsminister schreiben und sagen, ich will mindestens einen neuen Beschluss haben. Ich muss meinen Leuten sagen – so, machen sie aber nicht. Und was steckt wieder dahinter? Es steckt dahinter die Überlegung der USA, sagt ja, Großbritannien sagt ja, Frankreich sagt ja, Deutschland sagt ja, das reicht. Das ist aber nicht Völkerrecht. Und jetzt kommt die eigentliche Folge – und mit der möchte ich, dass wir uns wirklich damit auseinandersetzen: Die Politik Russlands und Chinas hat sich verändert. Darüber können wir uns alle aufregen, aber wir können es nicht ändern. Und warum hat sie sich geändert? Als der Primakow in der Maschine saß zu Beginn des Jugoslawien-Krieges, um irgendwohin zu fahren und mit einem anderen Premierminister zu sprechen und der sagt, er hat das gar nicht nötig, mit ihm zu reden, ja, dann musste der seine Maschine umdrehen und flog wieder zurück nach Moskau.

Und selbst der oft leicht angetrunkene Jelzin, na gut, wenn ich Ihnen mal eine Nebengeschichte erzählen darf, wissen Sie, es gibt ja Ungerechtigkeiten im Leben, ich war bei dem Empfang von Bundeskanzler Kohl, als die russischen Truppen verabschiedet wurden. Und Jelzin war natürlich auch da. Und Jelzin war in einem gehobenen Zustand. Und Jelzin sagte ins Mikro, nie wieder Krieg zwischen Deutschland und Russland. Natürlich klatscht dann der ganze Saal. Das ist ja auch, ist ja ein vernünftiger Satz. Und der merkt, er kommt mit dem Satz gut an. Und dann holte der sich von hinten immer wieder das Mikro und rief den Satz immer lauter und immer wieder klatschten alle, ja. Und das war noch auszuhalten. Aber dann machte der Kanzler folgendes, die Kellnerin wollte dem Jelzin, der war immerhin ein Staatsoberhaupt eines anderen Landes, gerade noch ein Glas Wein eingießen, da legte Helmut Kohl seine Hand auf das Glas, was eigentlich unüblich ist. Aber das geht alles noch. Meine Geschichte ist, dass der ganze Saal mich ansah, als ob ich für den Mann zuständig wäre. Das hat mich hier, verstehen Sie, das hat mich wirklich geärgert. Und noch schlimmer war, dass es mir auch peinlich war, als ob ich für den zuständig wäre. Dann hab ich mich noch mal über mich geärgert. Und dann hab ich erst meinem Gegenüber gesagt von der CSU, darf ich mal daran erinnern, dass der Kohl mit ihm in der Sauna war, nicht ich.

Aber es gibt so ein Zuständigkeitsdenken, das hat was mit Geschichte zu tun, wollte ich nur sagen. Also davon aber gesehen, kommen wir zurück zum Ernst.

Der Jelzin hat doch daraus nicht die Schlussfolgerung gezogen, und schon gar nicht der Putin, dass sie bescheidener werden. Sondern sie haben gesagt, ein Veto-Recht hat nur Relevanz wie nach 1945, wenn es auch dem militärischen Kräfteverhältnis entspricht. Die hätten das, so war die Überlegung von Jelzin, gegen den Willen der Sowjetunion nie getan. Aber gegen unseren machen sie es. Ergo war seine Schlussfolgerung, wir müssen wieder Weltmacht werden. So einfach läuft das. Und genau daran arbeitet Putin. Und die Schlussfolgerung in Peking war dieselbe. Wir müssen auch militärisch Weltmacht werden, dann machen die das nicht mehr. Und das entspricht der Erfahrung aus dem Kalten Krieg. Und ich wollte nicht, dass wir in die Überlegung zurückfallen. Und genau in die Überlegung sind wir zurückgefallen. Und zwar nutzen wir unsere gegenwärtige Stärke und provozieren damit, dass andere sich eine andere Stärke aufbauen, damit wir sie so nicht wieder nutzen können. Und da kann mir keiner in der Union widersprechen.

Ich sage, guckt euch die Politik der Regierung Russlands seit dieser Zeit an. Es ist genau darauf ausgerichtet. Und es hängt genau damit zusammen, ganz egal, ob man denen recht gibt oder nicht recht gibt. Das ist für sie nicht die Frage, aber dass ihr Veto-Recht nichts mehr bedeutete, das war das Entscheidende. Nun kommt der Irak. Der Irak ist insofern spannend, weil Busch da einen Schritt weiterging und sagte, mich interessiert nicht nur das Veto-Recht Russlands und Chinas nicht, mich interessiert auch das Frankreichs nicht.

Das war neu. Und das ist ihm auch nicht so leichtgefallen. Das war noch eine ganz andere Form der politisch-moralischen Auseinandersetzung, wie Sie alle wissen. Aber letztlich ist er dann auch den Weg gegangen und das hat Europa verändert. Und zwar müssen Sie wissen, es gab drei Kriterien der Staatsräson in Deutschland, in der alten Bundesrepublik Deutschland: Das eine war die Solidarität mit Israel – nach wie vor, das zweite war die europäische Integration – nach wie vor und das dritte war das transatlantische Bündnis – und das bröselt. Und zwar weil erstmalig Deutschland nein gesagt hat, wie ich finde, völlig zu Recht, nein gesagt hat zu diesem Krieg gegen den Irak. Allerdings nicht völlig nein. Und das finde ich auch bemerkenswert daran.

Ich möchte, dass Sie mit Ihren Professoren folgende Frage diskutieren, also Deutschland hat ja indirekt den Krieg unterstützt, ein bisschen Geheimdienst, wie Sie wissen, dann die Flughäfen, welche die Amerikaner in Deutschland nutzen konnten und das haben wir auch alles beschützt. Ich will jetzt gar nicht darüber berichten, ich will nur sagen, ein Bundeswehroffizier hat gesagt, mach ich nicht mit, ich beteilige mich damit an einem völkerrechtswidrigen Krieg und das darf ich nicht nach dem Grundgesetz. Wie das immer so ist. Es gibt nachher immer so einen, ja, der fährt aus dem Kollektiv aus, wie das früher immer so hieß. So, jetzt wurde er natürlich bestraft. Auch klar. Aber nun ist ja so einer, wenn der einmal den Mut hat, sich gegen so ein ganzes Kollektiv zu stellen, einen anderen Weg zu gehen, dann geht der auch immer alle Rechtswege, darauf kannst du dich dann verlassen. Also ging der zum Verwaltungsgericht und hat, glaube ich, verloren in der ersten Instanz, dann verloren noch beim Oberverwaltungsgericht und dann hat das Bundesverwaltungsgericht die Revision zugelassen. Und das Bundesverwaltungsgericht hat sein Urteil gefällt. Und in dem Urteil steht, dass dieser Krieg völkerrechtswidrig ist. Sage ich, aber das können Sie mir gleich widerlegen. Und weiter, dass die Beteiligung Deutschlands daran aus der Sicht dieses Bundeswehrsoldaten problematisch ist. Und wenn das aus seiner Sicht so ist, darf er das alles verweigern, deshalb werden alle Strafen aufgehoben. Und die Bundesregierung zieht daraus keine Konsequenzen. Man hat es einfach zur Kenntnis genommen und das war es.

Ist mir zu wenig. Jetzt können wir gern über das Urteil streiten, das ist noch eine andere Frage, das kann man ja auch machen, damit muss man sich auseinandersetzen, da gibt es übrigens keine Entscheidung des Bundesverfassungsgerichts, kann es gar nicht geben, weil, der Bund darf in solchen Fällen nicht zum Bundesverfassungsgericht gehen, nur Bürgerinnen und Bürger. Also er hätte es versuchen können, wenn er auch verurteilt worden wäre, aber nicht umgekehrt. Muss man wissen, ist aber jetzt gar nicht so wichtig, ich will nur sagen, das ist eine Frage, die mich auch beschäftigt – in Bezug auf die Bundeswehr. Denn ich möchte natürlich auch nie, dass niemand aus unserer Armee in eine Situation kommt, die ihm später auch völkerrechtlich oder wie auch immer vorgeworfen werden kann. Aber ich räume auch eins ein, damit Sie mich nicht falsch verstehen: Die Hauptverantwortung dafür trägt immer die Politik. Die einzelne Soldatin und der einzelne Soldat sind immer in den Möglichkeiten begrenzt. Das ist völlig klar. Ich werf das ja auch nicht einem einzelnen Soldaten der USA vor. Das wäre auch völlig albern. So ist die Welt nicht konstruiert. Ich weiß schon, was dort passiert und was nicht passiert. Aber ich möchte, dass wir darüber nachdenken. Was haben wir also für Ziele? Erstes Ziel heißt für die NATO, internationalen Terrorismus bekämpfen. Geht das? Ist das militärisch lösbar? Wie kommt überhaupt Terrorismus zustande? Warum Terrorismus? Warum werfen die keine Bomben? Kann ich Ihnen sagen, also nicht die Art Bomben aus Flugzeugen etc. Es gibt also einen Hass. Es gibt Unterschiede in der Welt. Es gibt unterschiedliche Interessen. Und dann gibt es Konflikte. Und die Frage ist, wie trägt man das aus. Und die Gegenseite, wenn sie militärisch schwächer ist, lässt sich eine andere Methode einfallen. Da gibt es positive Beispiele aus der Geschichte, ich sag mal, als die Al Fatah mit Steinwürfen versucht hat, auf ihre Situation aufmerksam zu machen, aber eben damals nicht mit Bomben und so wie heute, hat sich ja alles sehr verändert inzwischen. Und dann gibt es eben furchtbare Beispiele wie den Terrorismus. Da brauchen wir doch nicht darüber zu diskutieren, eine Bombe da in Madrid hochgehen zu lassen mit Tausenden völlig unschuldiger Toter ist doch völlig indiskutabel. Oder das furchtbare Ereignis New York – Washington, ganz klar. Die Frage ist nur, wie reagieren wir darauf. Wenn wir darauf militärisch reagieren, was glauben Sie denn, was so ein Typ wie Bin Laden macht? Ich behaupte, wenn wir eine Bombe werfen, treffen wir auch immer Leute, die man gar nicht treffen will, aber das ist bei Bomben so. Die fragen ja nicht nach. Dann hast du Tote. Diese Toten haben Angehörige. Die haben Freundinnen und Freunde. Da entsteht Hass. Und dann kommt der Bin Laden und nutzt diesen Hass bei jungen Leuten, um die zu Terroristen zu machen. Und schafft sogar, Selbstmordattentäter zu installieren. Ich meine, er macht das ja nie selbst. Verstehen Sie, also damit das auch klar ist. Von diesen Führern hab ich die Schnauze voll, ja. Da sind das mal 19-Jährige. Der soll sich in die Luft sprechen, nicht sie, ja. Das ist auch ganz klar. Aber die finden sie ja dann. Und ich behaupte, wenn wir aus der Spirale der Gewalt nicht herauskommen, dann kommt der nächste Terroranschlag, darauf reagieren wir wieder militärisch, dann wieder bei denen der nächste, weil wieder neuer Hass entstanden ist, dann reagieren wir wieder militärisch. Natürlich sind wir militärisch überlegen, das weiß ich.

Aber wir werden aus der Spirale der Gewalt nicht herauskommen. Und deshalb glaube ich, dass das nicht aufgeht. Nun kann man dann gut sagen, was würdest du denn dann machen. Das ist eine sehr berechtigte Frage. Und die ist auch gar nicht so einfach zu beantworten. Es gibt langfristige Dinge und kurzfristige Dinge. Ich hab damals bei Afghanistan gesagt, ich würde so weit gehen zu verstehen, dass man Bin Laden und die Leute versuchen muss zu ergreifen. Und wenn die Regierung das dort nicht macht, gehe ich so weit, wie zum Beispiel in Argentinien mal ein Massenmörder der Juden festgenommen worden ist. Nicht ganz legal. Aber ohne Krieg. Das heißt, ich hab, das war in der Berliner Zeitung ein Interview von mir, ich hab gesagt, man muss darüber nachdenken, wie man solcher Leute wirklich habhaft wird. Das kann ich akzeptieren. Ich kann aber nicht akzeptieren, wenn unsere Antwort Krieg ist, weil, Krieg führt zu neuen unschuldigen Toten. Neue unschuldige Tote usw. Dann will ich noch auf einen Unterschied hinweisen zwischen Krieg und jeder Art von Polizeiaktion: wenn du vor einem Warenhaus stehst. In dem Warenhaus sind 200 Kundinnen und Kunden, 200 Verkäuferinnen und 5 Terroristen und die Polizei hat die Aufgabe, diese Terroristen festzunehmen, gegebenenfalls auch zu vernichten, aber nur die Terroristen. Dann stehen die immer vor der Frage, wie verhindern wir, dass den 400 was passiert, wie ergreifen wir die Terroristen. Die Frage kannst du im Krieg so gar nicht stellen. Du kannst zwar sagen, gut, also in dem Gebiet kommandiere ich nicht, aber in dem. Aber dass da Unbeteiligte dabei sind, das ist auch gar nicht zu verhindern. Das ist ein gewaltiger Unterschied. Wenn ich also sage, Polizeiaktionen in bestimmtem Umfang kann ich mir vorstellen, ist das was anderes als wenn ich sage, ich führe Krieg. Das Zweite ist, wir brauchen natürlich einen anderen Dialog zwischen Kulturen, Religionen und wir brauchen eine gerechtere Weltwirtschaftsordnung. Das klingt ihnen ja zu links, aber es wird anders nix.

Wenn wir eine globale Welt haben, wenn wir zusammenrücken, wenn man jeden Ort der Erde in 24 Stunden erreichen kann, dann wird uns Schengen nichts nutzen. Unsere Vorstellung von Europa, wir machen hier die Mauern hoch und lassen keinen rein, da habe ich mal einen CDU-Politiker gefragt, mit dem neuen Artikel 16a Grundgesetz zum Asylrecht, sag ich, was machen sie denn, wenn da eine Million stehen, die sich für unseren Artikel 16a nicht interessieren. Da sagt der, das sag ich Ihnen nicht. Aber verstehen Sie, was ich meine? Wenn wir zusammenrücken, wenn wir immer mehr Weltwirtschaft haben, wenn wir immer mehr Handel haben, dann brauchen wir einen anderen Ausgleich. Wir müssen Hass abbauen. Und was der Busch seit Jahren macht, das ist ihm völlig schnurz, dass die Vereinigten Staaten von Amerika weltweit immer unbeliebter werden. Was übrigens auch für die dortige Bevölkerung eine Katastrophe ist, wenn man zum Beispiel als Tourist irgendwohin fährt etc. Also sage ich, wir brauchen eine gerechtere Weltwirtschaftsordnung. Übrigens auch eine innere gerechtere

Wirtschaftsordnung insofern, als früher in der alten Bundesrepublik war es so, ein wirtschaftlicher Aufschwung war immer auch ein Aufschwung für Rentnerinnen und Rentner, für Arbeitslose, für Kranke.

Heute ist ein wirtschaftlicher Aufschwung ein Aufschwung für 15 Prozent der Bevölkerung, der Rest hat davon nichts. Und das ist weltweit auch so. Und genau das geht nicht. Wir müssen den Hass abbauen, er muss sich reduzieren, der Terrorismus, auf eine Handvoll Verrückter. Die kannst du nie ausschließen. In keinem Land der Welt. Aber damit kann man umgehen. Aber wenn das eine Struktur wird wie es das heute ist, da ist das eine Katastrophe, die überwunden werden muss. Und ich sage nur, das ist meine These, mittels Krieg schaffe ich das nicht. Und ich sag nicht, mittels Krieg alleine schaffe ich das nicht, weil, das ist ja die neue These, dass man sagt, wir brauchen auch Ziviles, aber auch das andere. Ich glaube, mittels Krieg schaffen wir es nicht. Das zweite Ziel ist, weltweit Rohstoffressourcen zu sichern. Sehen Sie mal, die USA haben mit Afghanistan verhandelt, und zwar um eine Pipeline. Und als die scheiterte wenige Monate vor dem entsetzlichen Attentat, wurde es immer schlimmer. Dieser Terrorakt in den USA hat übrigens zu einer Erkenntnis bei Busch geführt, die kaum jemand mitbekommen hat. Der Busch ist ja ein großer Deregulierer, neoliberal durch und durch. Aber er hat plötzlich gesagt, wir müssen die Finanzmärkte wieder regulieren. Und wissen Sie auch warum? Weil die Terroristen ja noch reicher geworden sind. Und zwar dadurch reicher geworden sind, dass sie als Einzige wussten, wann der Terroranschlag stattfindet. Da sie das wussten, wussten sie, welche Aktien danach an Wert gewinnen und welche Aktien an Wert verlieren.

Das war zwar für die Polizei eine wichtige Spur, um die Täter zu ermitteln, wer hat denn wie viel verkauft davon und wer hat wie viel gekauft davon, aber es war auch aus Busch's Sicht absurd, dass das Ganze auch noch zu Reichtum führt und er durch die Deregulierung der Finanzmärkte das ermöglicht hat. Aber das war nur eine Nebenbemerkung, weil sie dafür nicht zuständig sind. Trotzdem sage ich noch mal, die Rohstoffsicherung ist ein Problem. Wir müssen also den Klimawandel anders meistern, wir müssen unseren Energiebedarf anders meistern, ich möchte nicht, dass Sie oder die nächste Generation immer weiter in eine Situation kommen, wo wir sagen, zur Sicherung unseres Energiebedarfs oder des Energiebedarfs Frankreichs oder der USA oder anderer müssen wir diesen oder jenen Krieg führen, natürlich nimmt man da eine andere Begründung.

Sie dürfen nicht vergessen, die Enttäuschung der Bevölkerung ist groß, weil – hat sich entschuldigt, das ist nicht demonstrativ jetzt – und zwar, weil die Begründung, dass der Hussein Atomwaffen besäße, nicht stimmte. Verstehen Sie, das ist das Problem. Der Blair und der Busch haben den Krieg damit begründet, dass das eine Macht ist, die Atomwaffen besitzt. Als sie einmarschierten, hab ich nicht mehr richtig dran geglaubt. Sie sind natürlich militärisch wissender als ich, aber ich hab mir gesagt, wenn der wirklich Atomwaffen hätte, warum soll er sie jetzt nicht einsetzen. Ich hab ja immer verstanden, dass man verhindert, dass er welche besitzt, aber wenn er sie besitzt, dann wird es ja alles kreuzgefährlich. Aber wie dem auch sei, auf jeden Fall stellte sich heraus, er hatte keine Atomwaffen, damit war die Begründung falsch. So und dann kommt jetzt als letzter Punkt, über den wir auch streiten müssen, das ist die Gewinnung neuer Mitglieder immer näher an Russland dran. Die werden natürlich völlig nervös. Da können wir doch erzählen, was wir wollen. Und das war sehr gut von Frankreich und von Deutschland, also auch von Frau Merkel, dass sie jetzt gesagt hat, bei der Ukraine und Georgien, nein, also das wollen wir zurzeit nicht, weil das Russland dann gerade provoziert, aber jetzt ist es ja nur aufgeschoben. Wieder steht die Frage, was machen wir denn nun mit Russland. Was machen wir denn? Betrachten wir sie als Gegenüber? Dann betrachten die uns auch immer mehr als Gegenüber. Oder gehen wir einen anderen Weg. Ich weiß, dass das nicht eine Frage an die Bundeswehr ist, sondern an die Politik. Aber – verstehen Sie –, Ihr Leben, Ihre Verantwortung hängen mit davon ab, ob die Politik das vernünftig beantwortet bekommen oder nicht. Was ich noch nicht weiß. Man soll Länder wie Russland nie demütigen.

Ich erzähle Ihnen eine kurze Geschichte aus den USA, erster Golfkrieg, die mich sehr beeindruckt hat. New York, da sitzt ein Bettler, der hat zwei Mäntel an und eine gelbe Schleife. Und dann frag ich den erstens, wieso er noch den zweiten Mantel anhat, so kalt ist es doch gar nicht. Und dann erklärt der mir, weil er gelegentlich einschläft und wenn er einschläft, dann ist er den Mantel los, wenn er ihn nicht anhat. Na gut. Das leuchtete mir noch irgendwie ein. Und dann sage ich zu ihm, wieso tragen sie die gelbe Schleife. Was haben sie davon, wenn die USA den Golfkrieg gewinnen. Und dann sagt der zu mir, aber wir müssen das gewinnen, verstehen sie. Und dann gab er mir eine kurze Erklärung. Und was mich daran so beeindruckt hat, das ist ein Bettler. Verstehen Sie, und seine Psyche ist so gestrickt, dass er etwas davon hat, wenn die USA einen solchen Krieg gewinnen. Unterschätzen Sie nicht, auch die armen Leute in Russland wollen bedeutend sein. Sie kommen aus einer Großmacht. Das heißt, weil wir uns das als Deutsche nicht vorstellen können, weil wir immer nur eine mittlere Macht waren und so weiter. Die Überlegungen in solchen Ländern, in den Bevölkerungen laufen anders. Selbst der Ärmste hat was davon, wenn das Land ernstgenommen wird, selbst wenn es ihm dadurch überhaupt nicht besser geht.

Ich kann es nicht richtig nachvollziehen. Ich kann sozusagen nur anhand des Beispiels sagen, ich würde anders reagieren, aber so ist das. So, jetzt muss ich Ihnen drei Ausnahmen erklären, um auch unsere Entwicklung zu zeigen und dann muss ich auch bald Schluss machen, damit Sie mal Ihre Fragen stellen können. Ich weiß ja, wie sich das so innerlich anstaut und das hält – ich kenn das sehr gut. Wissen Sie, wenn sie als Anwalt dasitzen und die Gegenseite quatscht, ja dann werde ich – so fünf Minuten geht es – aber danach werde ich ungeheuer, ja, immer nervöser sozusagen, weil ich ja auch mal erwidern will. Das kann ich schon verstehen. Aber, also ich glaube, um das auch ein bisschen klar zu sagen, ich glaube, dass der Einsatz im Kosovo jetzt völkerrechtswidrig wird, jetzt, also – erst mal glaube ich, dass der Krieg völkerrechtswidrig war, dass dann der Einsatz im Kosovo völkerrechtsgemäß war und dass er jetzt völkerrechtswidrig wird, weil entgegen dem Sicherheitsratsbeschluss und ohne einen neuen Beschluss sich der Kosovo getrennt hat und die Armeen dort drin bleiben als ob sich nichts geändert hat aufgrund eines Beschlusses, der verletzt wird und ohne sogar hier in Deutschland einen neuen Beschluss des Bundestags zu haben. Zweitens, bei Afghanistan will ich ganz klar sagen, gibt es einen Beschluss des Sicherheitsrates, das gilt für den Norden und nicht für den Süden. Im Süden ist es so, dass die USA sich auf ein Selbstverteidigungsrecht berufen nach Artikel 51 der Charta der Vereinten Nationen.

Ich muss Ihnen sagen, das ist nicht nachvollziehbar. Sie haben dort eine befreundete Regierung, sie haben ein befreundetes Parlament, du hast ein Selbstverteidigungsrecht nur gegen einen Staat. Die können nicht im Ernst sagen, dass sie ein Selbstverteidigungsrecht haben gegen Afghanistan, sie könnten höchstens sagen, gegen irgendwelche Taliban-Truppen. Und Gertz, der Vorsitzende des Bundeswehrverbandes, mit dem ich mich ja auch so einmal im Jahr treffe, und da unterhalten wir uns und streiten wir uns auch und da gibt es auch übereinstimmende Auffassungen, soziale Situation von Soldaten und so. Das ist wieder was ganz anderes. Aber ich will nur sagen, der Gertz sagt, der Krieg im Süden Afghanistans ist nicht mehr zu gewinnen. Der ist nun wirklich kein Linker. Verstehen Sie? Die Meinungen beginnen sich zu ändern.

Und ich sage wieder, im Norden verstehe ich schon, aber der Charakter des Einsatzes ändert sich, deshalb sind wir auch dagegen und dann werden Sie mir sagen, ja was denn stattdessen. Wir müssen Strukturen aufbauen, damit sie eine demokratische Struktur bekommen. Von Ausnahmen abgesehen in der Welt, wie zum Beispiel unserem Volk nach 1945, muss die Befreiung der Völker eine Selbstbefreiung sein. Wenn sie von außen kommt, ist sie eine fremdbestimmte mit allen entsprechenden nachteiligen Folgen. Auch darüber können wir dann gerne sprechen. So und jetzt sage ich Ihnen die drei Ausnahmen. Darfur ist ein bisschen schwieriger. Zu Darfur gibt es einen Sicherheitsratsbeschluss, es gibt eine Übereinstimmung, es gibt leider kein politisches Ziel. Ein Drittel meiner Fraktion enthält sich immer der Stimme. Da sind wir uns nicht wirklich einig. Libanon – ist mir wichtig.

Zu Libanon habe ich gesprochen. Und wenn Sie mal gar nichts zu tun haben, es ist nicht so lang, dann können Sie die Rede mal lesen. Das empfehle ich wirklich selten, weil meine Reden sind – zwar spannender als andere, aber auch langweilig, also ich meine, verstehen Sie, das ist nicht mein Maßstab. Sondern weil es was Besonderes war. Worum ging es? Wir hatten einen Konflikt Israel – Libanon und die UNO sagt, wir schicken Truppen hin und wir müssen dafür sorgen, dass es keinen Konflikt mehr gibt. Und da habe ich gesagt, der ganze Beschluss ist in Ordnung – mit einer Ausnahme allerdings, wenn man Truppen hinschickt, kann man sie nicht nur in den Libanon schicken. Ihr hättet auch 100 Meter nach Israel gehen müssen, weil, sonst ist man nicht mehr neutral. Und das war meine Kritik. Aber okay, die ist ja nicht so wichtig. Aber dann habe ich begründet, und zwar wirklich begründet, warum die Bundeswehr nicht teilnehmen soll. Und zwar aus historischen Gründen. Und da muss ich sagen, wenn ich Sie ansehe, also die Jüngeren hier, meine Generation hat dazu nicht das Recht. Wir kriegen das doch in unserem Kopf nicht wirklich gebacken. Verstehen Sie? Ich hab mal so einen Professor in Tel Aviv erlebt, der sagte, wir brauchen endlich eine normale Beziehung. Da habe ich gesagt, kriegen sie nicht. Das ist zu früh. Und dann habe ich immer gesagt, was passiert denn in einem Konfliktfall. Wenn da einer von der Hisbollah von uns erschossen wird oder stellt euch mal vor, ein Israeli, stellt es euch mal bloß vor. Zwischen 20-jährigen, 22-, 23-, 24-jährigen Soldaten, was weiß ich. Meine Generation kriegt das nicht hin. Wir kriegen die ganze Situation mit der Verantwortung der Deutschen und so alles nicht wirklich gebacken. Ich kenne alle Hemmungen, die im Bundestag sofort entstehen bei dem Thema, und denen sagen wir, die 20-Jährigen kriegen das schon hin? Nein, das ist nicht fair. Das war meine Argumentation. Und dann hab ich etwas gemacht, dass so noch nie jemand gemacht hat, ich hab immer

„Der internationale Einsatz der Bundeswehr" 109

gegenübergestellt die Position – und das sind alles Wahrheiten, das sind alles Wahrheiten – ich hab gesagt, wer will denn den Juden vorwerfen, dass ihr Standpunkt ist, ich gehe nie wieder, ohne mich zu wehren, zu einem Waggon. Mache ich nicht. Millionenfach sind wir dahingegangen und ermordet worden. Wer will ihnen das vorwerfen. Aber wir, die wir ja auf der Seite der Palästinenser stehen, sagen, ja aber die Juden haben doch jetzt irgendwie einen eigenen Staat. Die Palästinenser haben doch nichts. Die bezahlen doch irgendwie unsere Schuld. Also müssen wir doch jetzt auf der Seite der Palästinenser stehen. Ja ist denn daran was falsch? Beide Argumente stimmen, sie haben bloß nichts miteinander zu tun.

Und da kann ich durchgehen, dann hab ich folgendes Beispiel – nein, ich hab gesagt, Israel war seinen Nachbarn immer militärisch überlegen. Hat das zu Kriegen geführt? Nein. Jetzt gerade – und sehen Sie mal, wer sich im Saal freut. Dann sage ich, ja aber wenn die Nachbarn Israel militärisch überlegen gewesen wären, hätten sie versucht, Israel zu vernichten Was ist nun die Antwort? Was ist denn nun die Antwort? Und dann sage ich, da muss ein Land, das da UN-Truppen hinstellt, wenigstens neutral sein und niemand im Saal, hab ich gesagt, niemand im Saal – mich eingeschlossen – ist neutral. Wir sind es nicht. Wir sind es schon aus einem einfachen Grunde nicht, weil wir gerade U-Boote an Israel liefern, aber doch keine Waffe an die Hisbollah. Und dann lieber noch U-Boote, die man sogar mit Atomwaffen bestücken kann. Na das hat doch mit Neutralität gar nichts zu tun. Hab ich alles gesagt. Ich hab so viele Briefe aus der FDJ wie nach dieser Rede übrigens nie wieder bekommen. Ja und zwar, nein, das hatte sie wirklich auch beeindruckt, die ganze Gegenüberstellung, ich kann das jetzt kurz machen, dass sie sagen, das hat mal einer alles so ausgedrückt und das können ja auch nur sie usw. und dass, da waren die auch wirklich dankbar dafür. Und, verstehen Sie, ich will bloß, das meine Generation das, was wir nicht geschafft haben, was wir an Problemen nicht geschafft haben, das war meine Argumentation beim Libanon, sozusagen nicht der UN-Beschluss, das ist ja für Die Linke schon ein Fortschritt, ja. Habe ich gesagt, das können wir nicht auf die heute 20-Jährigen übertragen, das ist nicht fair. Wir müssen das erst wirklich gelöst haben.

So. Und nun sage ich Ihnen auch den Ausnahmefall, wo ich mir mal einen Beschluss nach Kapitel 7 gewünscht hätte, das war Ruanda. Aber da hat es ihn nicht gegeben. Und warum hat es ihn nicht gegeben? Weil kein Staat an Ruanda interessiert war. Und das ist das, was mich ankotzt. Wenn da Erdöl gelagert hätte, sage ich so, wie es ist, dann hätten die Staaten gesagt, ja, das machen wir. Und so rannte der Generalsekretär rum und hat alle Länder gefragt, keiner wollte einen Soldaten hinschicken und dann haben wir einem hunderttausendfachen Völkermord zugesehen. Das geht nicht. Aber so extrem müssen die Ausnahmen sein. Also, was erwarten wir?

Erstens, es muss immer mit dem Völkerrecht übereinstimmen. Das heißt, entweder ist es ein wirklicher Verteidigungsfall oder es muss einen Beschluss des UN-Sicherheitsrates geben. Zweitens, es muss eigentlich immer die Zustimmung der Konfliktparteien geben, es muss um die Sicherung eines Friedens gehen, es müssen Dritte abgesichert werden, es muss gewährleistet sein, ob das jetzt robust ist oder Blauhelm, das hängt dann von Fall zu Fall ab. Drittens, in ganz wenigen extremen Ausnahmefällen, bei einem wirklichen Tatbestand des Völkermordes – Ruanda – dann muss es auch gegen den Willen der Beteiligten gehen, aber auf der Grundlage eines Sicherheitsratsbeschlusses, nie selbstständig. So. Und dann muss es ein Primat der Politik geben, und das heißt, wenn man irgendwo reingeht, muss man auch schon wissen, wann und wie und mit welchen politischen, ökonomischen und sonstigen Zielen man wieder rauskommt. Was ich nicht mag ist, wir gehen rein und wissen überhaupt nicht, wie es weitergeht. Dann bist du da sieben Jahre – und deshalb sage ich Ihnen, was mich bei Nordafghanistan am meisten stört, ist die Tatsache, dass mir immer erklärt wird, wir müssen dort eine Armee aufbauen, eine afghanische und eine afghanische Polizei. Jetzt sind wir wie lange da? Sieben Jahre? Es gibt keine Armee und es gibt kaum eine Polizei. Dann sag ich immer, ja was denn nun. Dann sagen sie, jetzt muss es aber richtig werden. Ja, wieder sieben Jahre? Das wird so nichts. Und die Maßstäbe, die mir genannt werden mit Schulen usw. Bitte, bitte seien Sie vorsichtig. Und ich bin wirklich jemand, der dafür ist, dass alle Mädchen zur Schule gehen. Als die Sowjetunion Afghanistan besetzt hatte, konnten alle Mädchen zur Schule gehen. Das rechtfertigt doch die Besetzung nicht. Wir können doch nicht mit solchen Nebendingen usw. Kriege begründen. Da muss man aber aufpassen. Und wenn das unser Maßstab ist, ja, wo müssten wir denn dann überall einmarschieren. Kennen Sie die Rechte der Frauen in Saudi Arabien? Ja also, ich muss das einfach mal sagen. Deshalb warne ich davor. Ich glaube, wir brauchen das Völkerrecht.

Sie haben sich für einen Beruf entschieden, zu dem aus den verschiedensten Gründen ich mich nicht entschieden habe. Ich war nur einmal zur vormilitärischen Ausbildung – drei Wochen, ich glaube, ich war da Kursant, so hieß das. Und da gab es natürlich Verantwortliche

„Der internationale Einsatz der Bundeswehr" 111

und ich glaube, die waren sich in einem einig, dass man mich am besten nicht bei der Armee hat. Das lag aber nur an der Art meiner Fragestellungen. Damals, wissen Sie, war die Welt wirklich noch anders strukturiert, mitten im Kalten Krieg, dann saßen wir da in einer Baracke und dann erklärte uns einer, gegen Atomwaffen schützt man sich, indem man so macht und zwar auf den Knien und sich wegdreht. Und dann sagte ja keiner was, nur ich sagte, ja sagen sie mal, wenn das nicht mehr ist, dann verstehe ich die ganze Aufregung darum nicht, das war natürlich, wissen Sie, das war natürlich völlig daneben. Und dann erzähle ich Ihnen aber eine Geschichte zum Weitererzählen, weil, die finde ich auch wirklich ganz hübsch. Da wurden wir einmal vergattert. Ich wusste gar nicht, was das ist. Da ist mir erklärt worden, ja, da muss man dann so Wache schieben, in Lagern und so, dann mussten wir uns unsere komischen GST-Hosen ausbürsten und die Schuhe putzen und dann marschierten wir da durch das ganze Ding und dann standen wir da und der konnte den nicht leiden, muss ich da sagen, Hundertschaftsführer oder so hieß der, und dann brüllte der herum und dann machte ich Folgendes, ich sagte: Wie bitte? Sie können sich das nicht vorstellen. Dann stand der da vorne und sagte, wer war das. Da melde ich mich, da sagt er, Gysi vortreten. Wuttwuttwutt, bin ich vor, da sagt der, was haben sie da gesagt. Und da sage ich, ja sie hatten etwas gesagt, ich hatte es nicht verstanden und ich dachte, es wäre wichtig gewesen. Und da stand einer vor mir, wo ich nicht wusste, wo ich sagte, also wenn er mich jetzt würgt, ist es Totschlag, ist kein Mord, weil, ich hab ihn so in den Affekt gestürzt, dass ich das hätte akzeptieren müssen. Und dann sagt der, das gibt eine Beschwerde, da wirst du dich noch wundern. Und dann muss der den ganzen Abend gesessen haben und er hat sie nicht geschrieben, weil er beim Schreiben gemerkt hat, er ist immer der Blamierte, egal wie er es aufschreibt. Und das wollte ich Ihnen noch für Ihren Dienst mitgeben: Nie übertreiben, aber immer wissen, wie weit man gehen kann und möglichst sich nie an völkerrechtswidrigen Kriegen beteiligen. Danke schön.

"Perspektiven der Bundeswehr"

Die Transformation der Streitkräfte ist ein Themenfeld, das oft einen Schwerpunkt in der medialen Auseinandersetzung mit der Bundeswehr einnimmt. Genauso oft ist die Rede davon, dass die Transformation gescheitert sei. An der höchsten Bildungseinrichtung der Streitkräfte, der Helmut-Schmidt-Universität in Hamburg, wurde die Anpassung an neue Rahmenbedingungen vorbildlich praktiziert. So ist es allen Akteuren gemeinsam gelungen, im Gegensatz zu anderen südlich gelegeneren Bildungseinrichtungen, sämtliche Studiengänge zum Herbsttrimester 2007 auf Bachelor- und Masterabschlüsse umzustellen. Dieser Umstand hat auch eine Vorbildbildwirkung für viele Landesuniversitäten Deutschlands. Es macht deutlich, dass es in keinem anderen Bereich als im Feld der Hochschulen für die Bundeswehr möglich ist, in den echten Wettbewerb mit der freien Wirtschaft zu treten. Dabei muss die politische Führung der Streitkräfte auch weiterhin die Eigenständigkeit der Bundeswehruniversitäten sicherstellen – so bilden nicht etwa die Führungsakademie oder gar die Offizierschulen die Vergleichsmaßstäbe, sondern die akademischen Einrichtungen, also Universitäten, dieser Republik – beispielsweise die in Heidelberg, Karlsruhe, München oder Göttingen.

Gleichwohl ist die Zusammenarbeit etwa mit der Führungsakademie, z. B. beim Aufbau eines gemeinsamen Masterstudienganges beispielhaft. Sie stellt die Wettbewerbsfähigkeit der deutschen Streitkräfte im internationalen Kontext sicher. Vor diesem Hintergrund kommt dem Ausbau der Autonomie der Bundeswehrhochschulen eine ganz besondere Bedeutung zu. Es geht um nichts weniger, als darum weiterhin wettbewerbsfähig zu bleiben und in einigen Bereichen wieder konkurrenzfähig zu werden. Dabei muss zukünftig eine Verlagerung von Kompetenzen vom Bundesministerium der Verteidigung an die Universitäten erfolgen. Sichtbarster Punkt dieser Bestrebungen ist sicherlich die Initiative zur Verkürzung von Berufungsverfahren.

Das zusammenwachsende Europa stellt primär eine einzigartige Erfolgsgeschichte dar, nämlich weit über ein halbes Jahrhundert Frieden und Wohlstand für die Menschen auf diesem Kontinent. Es bedeutet jedoch auch, dass die Menschen in Europa bestimmte Werte teilen – Werte wie: „Die Würde des Menschen ist unantastbar". Oder „Das Recht auf freie Meinungsäußerung". Heutzutage sind diese Werte gebündelt in einem Kompass. Und dieser

Kompass bildet unsere Richtschnur. Diese Richtschnur darf sich nicht der Beliebigkeit beugen, sondern muss vielmehr integraler Bestandteil der deutschen Außen- und Sicherheitspolitik sein. Das bedeutet vor dem Hintergrund des globalen Engagements der Bundesrepublik Deutschland, dass die Bundeswehr von heute ein zentrales Mittel deutscher Außen- und Sicherheitspolitik ist.

Rückblickend betrachtet waren die Entscheidungen, die seit der Gründung der Bundesrepublik im Zusammenhang mit den Streitkräften standen, nicht die Beliebtesten, wohl aber die, die für die Rolle Deutschlands in Europa, in der NATO und in der Welt, die größte Bedeutung hatten. Ob die Wiederbewaffnung der Bundeswehr unter Konrad Adenauer oder der NATO-Doppelbeschluss unter dem Namensgeber dieser Universität.

Heute steht die Bundeswehr wieder vor einer solchen Entscheidung – sie steht vor der gleichen Entscheidung wie die Preußen 1815 – und die Alternativen lauten – Napoleon als den potentiellen Kaiser von Europa gewähren zu lassen oder ihn mit aller Macht zu bekämpfen, nur beschränkt er sich heute aber nicht nur auf Europa, sondern wir finden ihn auch am Horn von Afrika oder in Afghanistan – er ist global geworden und trägt den Namen „Internationaler Terrorismus."

Folglich stehen Deutschland und das zusammenwachsende Europa heute vor einer neuen Herausforderung. Sie können sich entweder den Taliban oder anderen Extremisten ergeben oder sie in Waterloo gemeinsam schlagen und in die Verbannung schicken. Das bedeutet, dass wir uns unserer Verantwortung in Europa, in der NATO und in der Welt vor dem Hintergrund der Werte, für die wir eintreten, bewusst sind.

"Perspektiven der Bundeswehr" 115

Rede anlässlich der Vortragsreihe
„Deutsche und Europäische Sicherheits- und Verteidigungspolitik"
am 18. Februar 2008 in der Universität der Bundeswehr Hamburg

Bundesminister Dr. Franz Josef Jung, MdB,
Bundesminister der Verteidigung

„Anforderungen an die Streitkräfte im zusammenwachsenden Europa

-

Perspektiven der Bundeswehr."

Besten Dank, Herr Präsident, Kollege Klimke, Herr General, meine lieben Soldatinnen und Soldaten, meine sehr verehrten Damen und Herren, ich freue mich, hier die Gelegenheit wahrnehmen zu können, zu dem Thema, das gerade vorgetragen worden ist, ein paar Ausführungen zu machen. Ich freue mich aber auch, dass ich in meiner Amtszeit jetzt doch zum dritten Mal hier wieder an der Helmut-Schmidt-Universität bin, denn eins ist auch wahr, unsere Universitäten sind ein Stück, ein Aushängeschild für unsere Bundeswehr und ich finde, Sie leisten hier auch einen ganz besonderen Beitrag im Hinblick auf das Thema der künftigen der Bundeswehr und deshalb bin ich allen Professoren, aber auch wissenschaftlichen Mitarbeitern der militärischen Führung, sehr dankbar für den Einsatz, den sie hier leisten, denn ich denke, der hervorragende Ruf dieser Universität fußt genau auf diesem Engagement und deshalb möchte ich meinen besonders herzlichen Dank auch diesbezüglich zum Ausdruck bringen.

Meine sehr verehrten Damen und Herren, wenn wir auf die aktuellen Entwicklungen in Europa schauen und dies unter sicherheitspolitischen Aspekten, dann können Sie, denke ich, nachvollziehen, dass ich insbesondere im Hinblick auf die gerade gestern vorgenommene Unabhängigkeitserklärung des Kosovo und die damit im Zusammenhang stehende auch durchaus Herausforderung im Hinblick auf Stabilität und friedliche Entwicklung in einem anderen Punkt mit gewissen Sorgen in diese Region schaue, denn wir haben das stärkste Kontingent hier mit im Kosovo stehen, rund 2.200 deutsche Soldatinnen, Soldaten und wir stehen auch bereit mit einer Reserve. Zurzeit leistet diese Reserve Italien, aber wir sind in Bereitschaft, um gegebenenfalls mitzuhelfen, wenn es darum geht, weiterhin eine stabile und friedliche Entwicklung in diesem Bereich zu wahren.

Aber, meine sehr verehrten Damen und Herren, es gehört da natürlich auch dazu, dass wir zwar, wenn Sie wollen, militärische Stabilität und Sicherheit herstellen, dass wir aber auch unseren Beitrag leisten, wenn es darum geht, rechtsstaatliche Strukturen, Polizeistrukturen, andere Dinge aufzubauen und deshalb glaube ich, war es richtig, dass wir eben ins Auge fassen, eine europäische Mission in den Kosovo zu schicken, eine europäische Mission, Polizei- und Rechtsstaatsmission, die genau auf diesem Thema aufbaut mit rund 1800 Kräften, um auch dort zu einer entsprechenden positiven Entwicklung zu kommen.

Meine sehr verehrten Damen und Herren, oft wird darüber gesprochen, wie ist dann die Situation völkerrechtlich zu beurteilen. Ich kann nur sagen, wir haben das sowohl im Rahmen der NATO-Verteidigungsministerkonferenz, aber auch der europäischen Verteidigungsministerkonferenz, erörtert, es gibt die Resolution der Vereinten Nationen 1244, die uns die Grundlage gibt, dort im Kosovo unter dem Mandat der NATO-KFOR auch weiterhin unseren Beitrag zu leisten, auch nach dieser erklärten Unabhängigkeit. Was aber, denke ich, wichtig ist, dass wir keinen Zweifel entstehen lassen im Hinblick auf unsere Einsatzbereitschaft und Leistungsbereitschaft, wenn es um dieses Thema der Stabilität geht. Und ich glaube, da schließt sich auch ein Stück der Kreis. Denn natürlich haben wir heute neue Bedrohungslagen. Wir sehen, Sie haben gerade meine Wehrdienstzeit erwähnt, da habe ich noch den letzten scharfen Alarm der Bundeswehr miterlebt, damals, als die Sowjetunion einmarschiert ist in die Tschechoslowakei, wir haben den Kalten Krieg überwunden, wir haben nicht mehr die Situation NATO gegen Warschauer Pakt, auch nicht mehr, dass Deutsche gegen Deutsche standen, sondern wir haben heute unsere Bundeswehr, die im Einsatz für den Frieden engagiert ist, aber auch damit im Einsatz für die Sicherheit unserer Bürgerinnen und Bürger, weil sich nämlich die Bedrohungslage verändert hat.

Die Bedrohungslage, die sich heute darstellt durch den internationalen Terrorismus, Kaiser würde ich das nicht bezeichnen, und die sich im Wesentlichen darstellt im Hinblick auf die Frage – Massenvernichtungswaffen und auch darstellt – Krisenkonfliktsituation Staatszerfall. Und wenn ich zu dem Letzten was sage, hat das unmittelbar was mit dem Thema Kosovo und Balkan zu tun. Denn wir stehen natürlich auch in Bosnien-Herzegowina. Dort konnten wir ein Stück reduzieren, aber wir haben doch noch einen Teil der Kräfte vor Ort behalten, um die allgemeine Entwicklung im Blick zu halten, denn das ist auch ein Thema, das gegebenenfalls hier vom Kosovo ausgehend es eine kritischere Entwicklung geben kann. Ich hoffe und wün-

"Perspektiven der Bundeswehr" 117

sche, dass das alles nicht der Fall ist. Ich habe auch Anzeichen dafür, dass das nicht der Fall sein wird, denn das muss ich hier fairerweise auch vortragen, der serbische Verteidigungsminister hat mir noch einmal ausdrücklich geschrieben und unterstrichen, dass es zwar eine politische Frage sei, aber nicht eine Frage, dass hier Gewalt eingesetzt würde, das ist also keine sicherheitspolitische Frage.

Und ich habe auch bei der Münchener Sicherheitskonferenz noch einmal mit dem stellvertretenden Ministerpräsidenten Russlands, dem früheren Kollegen Ivanov, gesprochen, weil es ja auch darum geht, dass Russland auch seinen Beitrag geleistet hat damals, als es um Stabilität und friedliche Entwicklung ging, aber jetzt auch im Rahmen der politischen Rahmenbedingungen, dass es ein Interesse gibt, dass wir bei denen auch hier eine friedliche und stabile Entwicklung haben. Aber, meine sehr verehrten Damen und Herren, damit stellt sich natürlich schon die Frage, was ist eigentlich die Entwicklung in Europa, was Sicherheits- und Verteidigungspolitik anbetrifft. Und wenn ich vorhin das angesprochen habe von der Bedrohungslage, dann will ich nur noch mal darauf hinweisen, weil das oft im Blickfeld der deutschen Öffentlichkeit so nicht gesehen wird, dass unser Einsatz etwas damit zu tun hat auch mit der Sicherheit der Bürgerinnen und Bürger der Bundesrepublik Deutschland. Denn der eine und andere weiß, das ist vielleicht im Norden dieser Republik nicht immer unmittelbar so erlebt worden als im Süden der Republik, aber wir hatten 400.000 Bürgerkriegsflüchtlinge in Deutschland. Und wir hatten damit unmittelbar aus der damaligen Konfliktlage natürlich auch eine Realisierung im Hinblick auf Sicherheit, was die Lage bei uns anbetrifft. Und deshalb glaube ich, ist es auch in unserem Interesse, wenn wir hier einen Beitrag für friedliche Entwicklung und Stabilität leisten.

Im Übrigen, Sie haben aus meiner Sicht zurecht das große Friedenswerk Europa angesprochen, ich muss Ihnen ganz ehrlich sagen, ich hätte mir damals nicht vorgestellt, in dem Prozess der deutschen Einheit, wo wir auch erheblich und doch sehr stark engagiert waren, dass ein paar Jahre später in Europa wir wieder Massenhinrichtungen, Massenvergewaltigungen, Massenvertreibungen bis zu kriegerischen Auseinandersetzungen erleben müssen. Aber es war die Wahrheit. Und das ist alles noch nicht so lange her. Und deshalb glaube ich, ist es richtig und wichtig, dass wir gerade im Rahmen der europäischen Verteidigungs- und Sicherheitspolitik uns immer wieder klar machen, welchen Auftrag wir haben hier in Europa, was friedliche Entwicklung und freiheitliche Entwicklung unserer Länder und damit Europas insgesamt anbetrifft und wo hier auch die notwendigen Voraussetzungen zu schaffen sind. Ich glaube, dass wir auch sehen müssen, dass wir seit dem Rat in Köln 1999, wo ja das Thema der europäischen Verteidigungs- und Sicherheitspolitik beschlossen worden ist, dass wir doch erhebliche Schritte bereits nach vorn gekommen sind. Wenn Sie sehen, der Einsatz in Bosnien-Herzegowina ist ein europäischer Einsatz, die Operation nennt sich Althea, der dort zu Stabilität und friedlicher Entwicklung geführt hat.

Wenn Sie sehen, der Einsatz im Kongo, den wir im Jahre 2006 geleistet haben, war eine europäische Mission. Übrigens ein Einsatz, wie ich finde, der sehr erfolgreich war, der den klaren Auftrag erfüllt hat, nämlich Stabilisierung der Wahlen damals im Kongo, übrigens damals 9.200 Kandidaten für 500 Abgeordnetenplätze in einem Land, wo es vorher 4 Millionen Bürgerkriegstote gegeben hat, in einer Situation, wo man eben nicht eine solche Infrastruktur hatte, in einer Situation, wo damals 75 Prozent sich an dieser Wahl beteiligt haben. Ob das immer in Deutschland so ist, lasse ich dahingestellt. Sie kennen die Ergebnisse. Und deshalb glaube ich, war es richtig, unseren Einsatz dort zu leisten. Wir haben einen Rückfall in den Bürgerkrieg verhindert. Und ich glaube auch, wir müssen als Europäer erkennen, dass Afrika der Nachbarkontinent Europas ist, dass es auch ein Interesse Europas gibt an einer durchaus stabilen Entwicklung auf diesem Kontinent, denn Sie sehen die Flüchtlingsboote, die teilweise an den Grenzen Spaniens und Italiens ankommen. Wenn es uns nicht gelingt, ein Stück mehr Stabilität in diesen Kontinent hineinzubringen, werden wir dort noch eine ganz andere Entwicklung haben. Und deshalb glaube ich, war diese europäische Mission erfolgreich, aber ich füge auch hinzu, wir haben daraus auch die notwendigen Konsequenzen gezogen, denn ich könnte Ihnen das im Einzelnen darstellen, allerdings nicht vor der Öffentlichkeit, welche Erfahrungen ich gemacht habe, bis diese Mission dann stand, aber ich will sagen, wir brauchen hier natürlich auch eine Planungsfähigkeit und auch ein Stück eine Führungsfähigkeit der Europäischen Union.

Und wir haben diesen Prozess im Rahmen unserer Präsidentschaft Europas im letzten Jahr vorangetrieben, wir haben den lessons to learned, wie wir das sagen, das Seminar in Berlin durchgeführt, der hohe Repräsentant Solana hat jetzt im November noch eine Konzeption auf den Tisch gelegt, sodass wir gerade auch in dem Thema Planungsfähigkeit Europäische Union und auch Europas im Bereich der Sicherheits- und Verteidigungspolitik weiter vorangekommen sind. Was aber ebenfalls wichtig ist, und das gilt für unsere Einsätze der Europäi-

„Perspektiven der Bundeswehr" 119

schen Union, das gilt aber auch für die NATO; ist das die Grundkonzeption, die wir im Weiß-Buch des Jahres 2006 niedergelegt haben, als unsere Strategie der vernetzten Sicherheit, dass wir nämlich Sicherheit plus Wiederaufbau und Entwicklung gemeinsam vorantreiben, dass allein militärisch wir diese Prozesse nicht gewinnen, deshalb hakt das Beispiel mit Napoleon nach der Zeit, sondern dass wir Wiederaufbau und Entwicklung brauchen, dass wir, wie wir das aus meiner Sicht zu Recht formulieren, für solche Stabilisierungseinsätze sowohl schützen als auch helfen als auch vermitteln, aber auch kämpfen können und dass auch diese Einsätze, das füge ich auch hinzu, mit Risiko für Leib und Leben unserer Soldatinnen und Soldaten verbunden sind. Dass sie aber etwas damit zu tun haben, dass wir diese gemeinsame Strategie erfolgreich durchsetzen, denn sowohl das Militärische als auch das Zivile gehören in dem Punkt zusammen, um das Vertrauen der Bevölkerung zu gewinnen, um letztlich dann solche Missionen auch erfolgreich abschließen zu können. Und, meine sehr verehrten Damen und Herren, deshalb glaube ich, ist das ein solch wichtiger Punkt. Und dieser Punkt muss noch mehr zusammengehen zwischen der Europäischen Union und beispielsweise der NATO.

Ich bin der felsenfesten Überzeugung, dass es eine zwingende Notwendigkeit ist, dass wir hier die NATO und die Europäische Union in Partnerschaft gemeinsam weiterentwickeln und dass wir sie nicht gegeneinander aufstellen und entwickeln. Das wäre der völlig falsche Weg. Übrigens – von 26 Nationen in der NATO sind 21 Nationen auch Mitglied der Europäischen Union. Und wenn Sie wissen, wir haben jetzt ab dem 01. Januar des Jahres 2007 die europäischen Battlegroups stehen und wir haben die NATO Response Force, die schnelle Einsatzgruppe der NATO, dass sie nicht alle die Kapazität haben, Duplizitäten aufzubauen, das ergibt sich von selbst. Also ist es auch dort notwendig, die Zusammenarbeit voranzutreiben. Was mir etwa Sorge macht, dass aus politischen Gründen, ich nenne nur schlagwortartig das Thema Türkei und Zypern, wir zurzeit teilweise in einer politischen Blockadesituation sind, das müssen wir überwinden.

Wir arbeiten schon, Europa und die NATO, praktisch vor Ort zusammen. Ich habe das vorgetragen zum Kosovo, wir haben da eine NATO-geführte Mission KFOR und haben jetzt die europäische Mission, Polizeirechtsstaatsmission, die mit dem Begriff EULEX bezeichnet wird. Aber auch in Afghanistan, ich komme gleich darauf zurück, auch dort haben wir eine militärisch geführte Operation – ISAF und wir haben beispielsweise eine europäische Polizeimission. Wir müssen hier unter verschiedensten Aspekten Europa und die NATO zusammenführen. Und ich denke, dass wir gerade in Europa in der Perspektive jetzt des Reformvertrages noch unseren weiteren Beitrag leisten, was das Thema europäische Verteidigungs- und Sicherheitspolitik anbetrifft.

Ein klares Beispiel: Ich sprach von den europäischen Battlegroups, den schnellen Einsatztruppen Europas. Diese europäischen Battlegroups sind derzeit aufgestellt unter dem Aspekt Landstreitkräfte. Und wenn man Europa sicherheits- und verteidigungspolitisch weiterentwickeln will, gehören dazu natürlich auch das Thema Luftstreitkräfte und das Thema Seestreitkräfte. Auch das ist ein Zusammenhang, den man hier sehen muss und der auch jetzt weiterhin vorangetrieben wird. Wir haben jetzt diese Woche die Europäische Verteidigungsministerkonferenz in Ljubljana/Slowenien, wo wir insbesondere uns auch diesen Fragen zuwenden werden, denn wir haben ja derzeit eine Triopräsidentschaft. Wir hatten mit Deutschland beginnend, dann Portugal, jetzt Slowenien, die drei Hauptaufgabenfelder der europäischen Sicherheits- und Verteidigungspolitik auf der Agenda, nämlich das Thema Operation, ich komme gleich zu den einzelnen, das Thema Fähigkeiten und das Thema der Zusammenarbeit Europa – NATO, Europa – Vereinte Nationen. Und, meine sehr verehrten Damen und Herren, deshalb glaube ich, ist es wichtig, dass wir uns in diesem Bereich noch weiter gemeinsam entwickeln, noch handlungsfähiger, planungsfähiger und führungsfähiger werden, um letztlich die Herausforderungen alle gemeinsam auch annehmen zu können. Um das an konkreten Beispielen klarzumachen, wir sind als Bundeswehr derzeit beteiligt an zehn Auslandseinsätzen, das heißt, sei es Afghanistan, sei es Naher Osten, sei es Balkan, sei es Afrika bis nach Georgien. Und ich denke, dass wir hier mit jetzt rund 7.000 Kräften unseren Beitrag leisten, sei es in der NATO, sei es in der Europäischen Union, was die Frage Stabilität und friedliche Entwicklung, aber auch damit Sicherheit für die Bürgerinnen und Bürger in Deutschland ausmacht.

Zu dem Thema Afghanistan vielleicht ein Wort, weil sich hier natürlich auch die europäische Komponente stellt und weil sich hier sehr klar und deutlich das Thema des internationalen Terrorismus stellt, denn das muss man ja auch fairerweise sagen, von Afghanistan sind ja Anschläge ausgegangen – der 11. September in New York und in Washington, wir hatten Anschläge in Madrid und in London, vereitelte Anschläge in anderen Hauptstädten Europas. Wir können von Glück sagen, dass es uns bisher gelungen ist, und da kann man sagen, da muss man unseren Sicherheitskräften sehr dankbar sein, vorher zu handeln. Hier sitzt der Herr Innensenator dieser Stadt, der weiß, von was ich rede. Und zum Glück im letzten Jahr, als 500

„Perspektiven der Bundeswehr" 121

Kilogramm Sprengstoff schon deponiert waren, da so rechtzeitig aufzudecken, dass es eben nicht zu erheblichen Folgen gekommen ist. Und deshalb glaube ich, ist es so wichtig, auch immer wieder in die Öffentlichkeit hinein zu verdeutlichen, dass wir unseren Beitrag in der internationalen Gemeinschaft dort leisten für Stabilität und friedliche Entwicklung. Dass es aber auch etwas damit zu tun hat mit der Sicherheit der Bundesrepublik Deutschland.

Und, meine sehr verehrten Damen und Herren, dies wird ja oft in der Öffentlichkeit diskutiert, und manchmal – oder des Öfteren – auch nicht immer mit der sachlichen, mit der gebotenen Sachlichkeit, was notwendig ist. Was ich mir wünschen würde – auch in der Öffentlichkeit – im Hinblick auf das Thema Afghanistan, dass auch ein Stück deutlich wird, welchen Beitrag beispielsweise die Bundeswehr bereits geleistet hat im Hinblick auf eine positive Entwicklung dort. Wir haben gerade eine neue Umfrage der Freien Universität in Berlin auf dem Tisch, die im Norden Afghanistans durchgeführt worden ist, wo 78 Prozent der Bürgerinnen und Bürger sagen, sie fühlen sich wieder sicher in Afghanistan. Wenn sie die Meldungen in den deutschen Medien lesen, können sie das überhaupt gar nicht verstehen. Die sagen 80 Prozent, dass sie an unserer Seite stehen. Warum? Weil sie spüren, dass unser Konzept der vernetzten Sicherheit, übrigens ein Konzept, das wir bereits im Juno des Jahres 2003 begonnen haben, als andere Nationen noch nicht in anderen Regionen waren, im PRT, also Wiederaufbauteam im Kunduz, dann ab 01. Januar des Jahres 2004 in Faizabad, nämlich unser Konzept der vernetzten Sicherheit – über 700 Projekte jetzt von Wasserversorgung, Energieversorgung, Schulen, Kindergärten bis zu Krankenhäusern, die hier umgesetzt worden sind, wo mir unsere Soldaten in Kunduz sagen, dass sie der Auffassung sind, 95 Prozent der Leute stehen an ihrer Seite, weil bis ins kleinste Dorf irgendwo etwas passiert und die Menschen spüren, dass wir die Unterstützer sind. Und wissen Sie, das ist der große Unterschied.

Ich hab das etwas – ja – durchaus kritisch auch mit dem Kollegen Iwanow zuletzt besprochen. Als die Sowjetunion in Afghanistan war, hatten die 120.000 Soldaten dort. Wie das ausgegangen ist, wissen Sie. Aber warum? Sie waren Besatzer und wir sind Unterstützer der Menschen und dort für eine Stabilisierung und friedliche Entwicklung in der Region. Und das müssen die Menschen spüren und das ist die Unterschiedlichkeit auch in der Strategie und deshalb habe ich auch etwas dagegen, dass man immer nur die Diskussion führt, teilweise öffentlich, dass, wenn es um Soldaten geht und die zweite Komponente noch vergisst, die nämlich dazugehört – Wiederaufbau und Entwicklung – und ich denke, deshalb ist es auch notwendig, dass wir beispielsweise jetzt in Afghanistan wieder einen UN-Koordinator haben, der effektiv ist, der Dinge umsetzen kann. Wir haben in Afghanistan jetzt rund 60.000 Soldaten, 50.000 unter ISAF-Mandat, 10.000 unter OEF, wir haben rund 1.000 Mitarbeiter der UNO da, 2.000 von NGOs. Und wir haben, wenn ich mir die Polizeizahlen anschaue, eine Entwicklung, wo Europa jetzt 195 Polizeibeamte im März dieses Jahres dort haben will.

Ich trage Ihnen das alles ganz nüchtern vor, will damit nur eins deutlich machen, dass aus meiner Sicht die Zeit völlig Unrecht hat, wenn sie solche Dinge schreibt. Denn es geht nicht darum, dass wir nicht bereit wären, in kritischen Situationen auch unseren Beitrag zu leisten, sondern es geht darum, dass wir in Afghanistan insgesamt erfolgreich sind. Und das werden wir nicht allein mit militärischen Mitteln sein, sondern wir brauchen die militärische Sicherheit und wir brauchen Entwicklung und Wiederaufbau und wir brauchen die Unterstützung der Menschen vor Ort. Das Vertrauen der Menschen zu gewinnen ist das Entscheidende, um in Afghanistan erfolgreich zu sein. Und, meine Damen und Herren, wie teilweise operiert wird von den Taliban, das haben wir gerade eben wieder erlebt: 80 Tote gestern, rein zivile Veranstaltungen, Hunderennen, heute wieder ein Anschlag, der 35 Tote hervorgerufen hat. Das Schlimme ist, diese Selbstmordattentäter, die jetzt versuchen, durch solche Einzelaktionen – talibangeführt natürlich – dort die entsprechende Verunsicherung in die Bevölkerung hineinzutragen. Und, meine Damen und Herren, das muss man auch einmal sagen, im letzten Jahr ist es eben nicht den Taliban gelungen, eine Frühjahrsoffensive durchzusetzen. Es ist Ihnen nicht gelungen, eine Herbstoffensive durchzusetzen. Musakala, das sie besetzt haben, haben wir wieder zurückerobert, der Staudamm ist nicht zerstört worden. Im Übrigen immer die Diskussion, wir in den Süden – das zeigt meines Erachtens auch, dass nicht immer die notwendige Sachkenntnis vorhanden ist, denn Tatsache ist, dass wir eine Region dort aufgebaut und entwickelt haben, wie ich gerade gesagt habe, wo die Menschen an unserer Seite stehen, wo wir im Norden mit 4.000 Soldaten insgesamt dort unterwegs sind in einem Gebiet, das eine breite Ausdehnung von 900 km rund von Konstanz bis Flensburg hat oder bis Hamburg sagen wir mal, und dann 400 km in der Breite.

Nur damit man sich in etwa einmal die Dimension vor Augen führt, um welches Gebiet es sich dort handelt. Im Süden sind 20.000 Soldaten, im Osten sind 17.000 Soldaten. Und ich denke, es wäre ein entscheidender Fehler, wenn wir den Norden aufgeben würden, um uns im Süden zu engagieren. Denn wir müssen Gesamt-Afghanistan entwickeln. Und im Übrigen ist

„Perspektiven der Bundeswehr" 123

dieses Land durch den Hindukusch geteilt. Wer schon mal vor Ort war und wer schon mal von Mazar-e-Sharif nach Kabul geflogen ist, der weiß jetzt sehr wohl, von was ich rede. Übrigens ist das Gebirge bis 5.000 Meter hoch, das dieses Land teilt. Und deshalb war es klug, dass die NATO das regional eingeteilt hat, nämlich wir im Norden, Italien im Westen, im Süden die Briten im Kommando, im Osten die Amerikaner, und von daher eine Gesamtverantwortung in der NATO. Und dann füge ich auch hinzu – und gestatten Sie mir, dass ich das so sage, weil ich mich etwas geärgert habe über das Zeit-Zitat – natürlich helfen wir im Süden, denn was machen wir denn mit unseren Tornados, das gilt für Gesamt-Afghanistan. 32 Prozent unserer Aufklärung machen wir im Süden, 26 Prozent im Osten, 14 Prozent im Westen und 28 Prozent im Norden. Und ich habe immer gesagt, wenn Freunde in Not sind, helfen wir ihnen. Das gilt auch für die, die im Süden aktiv sind.

Die Kanadier kamen und haben gesagt, könnt ihr uns nicht helfen, wir brauchen Leopard. Die haben sie von uns bekommen. Wir haben Probleme mit den Hubschraubern. Deshalb haben wir mit unseren Transall Unterstützungsflüge geleistet, um Hubschrauber zu entlasten, denn wir haben keine geschützten mehr. Die haben wir alle im Norden im Einsatz und im Kosovo. Und deshalb haben wir beispielsweise jetzt auch erhöht, wir haben dort 8 Transall zusätzlich im Einsatz, wir helfen mit Fernmeldekräften, auch mit Führungsunterstützung, sodass wir von daher, denke ich, unseren Auftrag ordentlich wahrnehmen. Im Übrigen konnte ich das auch in Vilnius noch mal meinem amerikanischen Kollegen erläutern. Das haben wir auch bei der Sicherheitskonferenz in München getan. Und hat ja auch dann gesagt, da hätten die doch Deutschland gezeigt, so und hätte alle NATO-Staaten gemeint. Und da muss ich sagen, da kann ich ihm zustimmen. Denn wenn alle so viel leisten würden wie wir, hätten wir noch 10.000 Soldaten mehr in Afghanistan. Und dann können wir in Ruhe darüber reden. Also wir sind der drittstärkste Truppensteller und nehmen, wie ich finde, unsere Verantwortung sehr wahr. Und ich füge auch hinzu, ich finde es auch, deshalb ärgere ich mich da auch manchmal – und sie merken das -, ich finde es auch ungerecht gegenüber unseren Soldatinnen und Soldaten, denn der Einsatz, den sie dort leisten, der ist wirklich aus meiner Sicht ein Stück beispielhaft. Überall, wo ich hinkomme, merke ich die hervorragende Resonanz, auch und gerade bei der afghanischen Bevölkerung bis zum afghanischen Präsidenten. Und sie riskieren Leib und Leben für diesen Einsatz. Wir haben dort 26 Soldaten verloren. Es ist nicht ungefährlich und deshalb finde ich, haben sie es verdient, dass wir dankbar sind für den Einsatz, den sie dort für Stabilität und friedliche Entwicklung in Afghanistan leisten, aber auch für die Sicherheit der Bundesrepublik Deutschland.

Und, meine sehr verehrten Damen und Herren, dazu gilt und gehört natürlich auch, denn ich soll ja auch zu der europäischen Frage etwas sagen, dass wir unter dem europäischen Aspekt Polizei effektiv ausbilden, denn was muss denn dort unser Ziel sein? Unsere Ziele müssen dort eine selbsttragende Sicherheit, ausgebildete Streitkräfte, ausgebildete Polizei sein. Wir hatten einmal eine Zahl von 70.000 Streitkräften und 82.000 Polizei und ich wünsche jetzt, dass wir in der Perspektive des Gipfels in Bukarest eine Gesamtstrategie entwickeln können. Ich hab dort der NATO einen Vorschlag unterbreitet, dass wir in etwa einmal klar wissen, in welchem Zeitraum wir welche Streitkräfte ausbilden, wir welche Polizei ausbilden und in welcher Art und Weise wir wo, wann auch ein gewisses Ziel in dieser Hinsicht erreichen. Und meine Damen und Herren, deshalb gilt dort schon, dass wir auch beispielsweise unsere Ausbildung verstärken. Wir werden unsere Ausbildung als Bundeswehr verdreifachen. Wir werden auch, nachdem Norwegen jetzt gesagt hat, sie können die Quick Reaction Force, die schnelle Einsatztruppe, die taktische Reserve, ab Sommer nicht mehr durchführen und keine andere Nation bereit war, diese Lücke zu schließen. Und wir haben das Kommando, diese Lücke schließen. Also von daher werden wir unseren Beitrag auch in dieser Richtung leisten.

Aber lassen Sie mich das auch noch sagen: Ich glaube, es wird viel zu wenig erkannt, dass wir nicht nur dort 28 Millionen Menschen von der Schreckensherrschaft der Taliban befreit haben, dass es dort eine Verfassung gibt, dass es ein gewähltes Parlament gibt, einen gewählten Präsidenten, übrigens machen die sich schon Gedanken, im nächsten Jahr sind dort nämlich auch wieder Wahlen, dass wir – damals durften die Mädchen in die Schulen gehen -, als ich in Kabul war, kamen die Mädchen fröhlich aus den Schulen. Wir hatten eine Million Kinder in den Schulen, heute haben wir fast sieben Millionen Kinder in den Schulen. Wir haben 9.000 neue Schulen in Afghanistan, wir haben 30.000 neue Lehrer, wir haben Universitäten, jetzt, während der Sicherheitskonferenz in München, war der Kanzler der Universität Kabul da, 38 Prozent der Frauen dort, 80 Prozent wieder medizinische Grundversorgung in diesem Land.

Übrigens fast 5 Millionen Flüchtlinge, die zurückgekehrt sind nach Afghanistan – ich wiederhole – fast 5 Millionen Flüchtlinge. Und das wird alles dort vor Ort bewältigt. Das Einkommen hat sich mehr als verdoppelt, die Verkehrsinfrastruktur erheblich verbessert, die Energie-

„Perspektiven der Bundeswehr" 125

versorgung. Aber es ist natürlich noch nicht das Ziel erreicht. Das ist auch wahr. Und deshalb bedarf es noch weiterer Anstrengungen, um genau zu diesem Ziel zu kommen, um damit auch dann die Voraussetzungen zu schaffen, dass wir eine selbsttragende Sicherheit haben, dass es nicht wieder einen Rückfall geben kann in eine Situation, dass Afghanistan das Ausbildungszentrum für Terrorismus wird. Und, das füge ich dann auch noch hinzu, wir brauchen auch eine klare Abgrenzung, Grenzsicherung zu Pakistan. Es sind ja jetzt die Wahlen in Pakistan. Ich kann nur hoffen und wünschen, dass sich die Dinge dort so weit entwickeln, dass auch weiterhin die Unterstützung im Hinblick auf die Terrorismusbekämpfung gewährleistet wird, dass aber auch mit dafür Sorge getragen wird, dass die Grenzsituation verbessert wird, denn mir hat Präsident Karsai jetzt in Afghanistan gesagt, dass seine Seite sozusagen so weit sei, sie hoffe, dass Pakistan nach den Wahlen auch so weit sei, denn täglich gehen da teilweise 60.000 Leute an einigen Grenzstellen über die Grenze, völlig unkontrolliert. Das ist ein Austausch von Terrorist, von Terrorismus – und Nachschub auch von Taliban. Dort muss aus meiner Sicht etwas mehr passieren, auch und gerade im Hinblick auf den Schutz unserer Soldatinnen und Soldaten.

Und lassen Sie mich in dem Zusammenhang auch noch eins sagen, weil auch bedeutende Zeitungen dort aus meiner Sicht Dinge berichtet haben, die so nicht zutreffend sind. Ich habe ja im Jahre 2006 entschieden, dass wir dort nur noch mit geschützten Fahrzeugen fahren, wir haben mittlerweile über 500 geschützte Fahrzeuge in Afghanistan, wir haben in Afghanistan jetzt auch Einrichtungen zum Schutz gegen diese IED-Anschläge, also die ferngezündeten Sprengstoffanschläge. Wir haben eine gute Ausrüstung, wir haben gut ausgebildete Soldatinnen und Soldaten und sie sind auch gut motiviert und nehmen deshalb, denke ich, wirklich ihren Auftrag ordnungsgemäß wahr. Und, meine Damen und Herren, das gilt dann auch für die anderen Operationen, die wir im Hinblick auf die Entwicklung der europäischen Beteiligungs-/Sicherheitspolitik im Blickfeld haben, wir leisten beispielsweise in UNIFIL, das heißt vor der Küste des Libanon, unseren Beitrag zur Herstellung und zur Gewährleistung des Waffenstillstandes und zur Herstellung von Seesicherheit.

Meine Damen und Herren, was oft auch nicht gesehen wird, als es damals um die Aufstellung dieses Mandats ging, hat eine Befragung in Israel stattgefunden, ob man der Meinung sei, die israelische Bevölkerung, dass sich die Bundeswehr daran beteiligen soll. Und, meine Damen und Herren, jetzt brauche ich Ihnen zu der historischen Situation dort nichts vorzutragen, aber dass 73 Prozent der israelischen Bevölkerung gesagt hat, sie wünschen, dass sich die Bundeswehr an einem solchen Einsatz beteiligt, zeigt aus meiner Sicht das Vertrauen, das zwischenzeitlich die Bundeswehr erworben hat und wir jetzt im Rahmen dieser europäischen geprägten Mission UNIFIL unseren Beitrag leisten. Wir werden in diesem Monat die Führung der Maritime Task Force an die Euro Mare Force abgeben. Euro Mare Force heißt konkret, Frankreich, Italien, Spanien und Portugal. Wir werden aber mit einer Fregatte dort bleiben, mit zwei Schnellbooten, einem Tender, wobei wir dann insofern das stärkste Kontingent auch in diesem Bereich leisten, denn natürlich haben wir auch ein Interesse an einer friedlichen Entwicklung im Nahen Osten. Und ohne dass die Waffen schweigen, gibt es keine Perspektive für Friedensverhandlungen. Und ich kann nur hoffen und wünschen, dass wir hier auch unter dem Aspekt ein Stück weiter vorankommen, was jetzt eine friedliche Entwicklung Thema im Nahen Osten anbetrifft. Zu dem gehört natürlich auch, dass wir dafür immer wieder die notwendigen Grundlagen haben. Ich habe gerade gesagt, bevor diese Regierung ins Amt kam, hat noch keiner daran gedacht, dass wir in den Kongo gehen, hat noch keiner daran gedacht, dass wir in den Libanon gehen, also UNIFIL, dass wir in Afghanistan mit Tornados sind, dass wir IED-Voraussetzungen schaffen müssen.

Das heißt, es hat auch etwas mit finanziellen Verhältnissen zu tun, wobei ich hinzugefügt sage, wir brauchen auch den sozialen Rahmen, denn wenn ich von unseren Soldatinnen und Soldaten eine hohe Einsatzfähigkeit und Leistungsfähigkeit verlange, brauche ich beispielsweise auch eine adäquate Unterkunft und deshalb ist es richtig, dass wir das Kasernensanierungsprogramm West aufgelegt haben, um auch unter dem Aspekt erfolgreich zu sein. Ich denke, dass aber, um den Kreis zu schließen, gerade hier im Hinblick auf das Thema Führung und auf das, was letztlich jetzt die Aufgaben für die Bundeswehr bedeuten, ich sag es nur schlagwortartig, auch unter dem Thema Joint, das heißt im Klartext, Streitkräfte gemeinsam sich auf das Thema Einsatz zu konzentrieren und in dieser Richtung auch den Transformationsprozess zu gestalten, denn wir haben ja vor, 35.000 Einsatzkräfte, 70.000 Stabilisierungskräfte, davon 14.000 für den Auslandseinsatz vorzusehen und rund 147.500 Mann Unterstützungskräfte. Und im Übrigen denke ich, ist es auch richtig, da entwickeln wir uns etwas anders als in Europa, dass wir weiterhin an unserer Struktur der Wehrpflichtarmee festhalten.

„Perspektiven der Bundeswehr"

Meine sehr verehrten Damen und Herren, die Wehrpflichtarmee hat sich in Deutschland bewährt. Und die Art und Weise, wie unsere Soldatinnen und Soldaten auftreten, von innerer Führung bis zum Thema Staatsbürger in Uniform bis zu der gesamten Entwicklung unserer Bundeswehr hat auch etwas damit zu tun. Auch die strukturelle Entwicklung, 25.000 Wehrpflichtige, die sich jährlich weiterverpflichten – und deshalb werden Sie in mir weiterhin einen entschiedenen Anhänger der Wehrpflichtarmee finden, wobei mir viele Kollegen auch in Europa, die teilweise andere Entscheidungen getroffen haben, unter vier Augen schon sagen, dass sie eigentlich heute eine solche Entscheidung schon nicht mehr treffen würden, weil sie natürlich auch ihre Erfahrungen machen. Zusammengefasst: Ich denke, dass wir gerade im Bereich der europäischen Verteidigungs- und Sicherheitspolitik schon einen entscheidenden Schritt nach vorne gegangen sind, dass aber auch gerade der Reformprozess jetzt noch mal deutlich gemacht hat und unterstrichen hat, welchen Auftrag wir zur friedlichen Entwicklung in Europa haben, zur freiheitlichen Entwicklung im Rahmen unserer Aufgaben, sei es jetzt auf dem Balkan, sei es in Afghanistan, sei es im Libanon oder in Afrika, denn Sie wissen auch, wir sind noch mit Militärbeobachtern im Sudan, wir haben ein Mandat für Darfur, wo aus meiner Sicht die Ursache für die verschiedensten Konflikte liegt und ich nur hoffen kann, dass jetzt die UN-Mission mit 26.000 Kräften auch dort zu mehr Stabilität und friedlicher Entwicklung führt.

Und damit sehen Sie, welche Herausforderungen gerade auch auf uns in Europa und im Hinblick auf die Sicherheit damit zukommen. Und letztlich, glaube ich, hat hier gerade das Thema Europa natürlich auch seinen besonderen Stellenwert an dieser Universität. Ich brauche nicht zu erwähnen, dass Sie die europäischen Strukturen, wenn ich den Bologna-Prozess nur anspreche, von Bachelor, Master usw. bereits vorbildlich umgesetzt haben, schon früher als das andere getan haben, auch schon in einer entsprechenden Entwicklung sind, und von daher denke ich, auch eine wichtige Unterstützung im Hinblick auf das, was wir als europäische Idee im Bereich von Sicherheits- und Verteidigungspolitik als notwendig ansehen, leisten, denn eines ist ja wahr, wir hatten noch nie in Deutschland eine so lange Zeit von friedlicher und freiheitlicher Entwicklung.

Und ich denke, es ist gut und richtig, sich immer wieder bewusst zu werden, dass der Weg nach Europa und die Zusammenarbeit in Europa etwas auch und gerade mit dieser Frage zu tun haben. Und dass es deshalb in unserem Interesse liegt, in Europa einen gemeinsamen Weg zu gehen für Sicherheit, für friedliche Entwicklung und freiheitliche Entwicklung zu sorgen und damit mit unseren Streitkräften unseren Beitrag zu leisten, denn ich denke, Frieden und Freiheit sind mit die wichtigsten Güter, die nicht nur für Deutschland, sondern darüber hinaus schützenswert sind und deshalb wollen wir in dieser Richtung auch weiterhin unseren Beitrag leisten. Recht herzlichen Dank.